A RRAI GO

Ana María Schlüter

A RRAI GO

Colección dirigida por Luis López González

Ana María Schlüter Rodés nació en Barcelona en 1935 de padre alemán y madre española. Estudió Filosofía y Letras en Barcelona, Hamburgo y Friburgo (Alemania), Nimega y Utrecht (Países Bajos), doctorándose en Barcelona. Desde 1958 es miembro del instituto de vida consagrada «Mujeres de Betania» y entre 1968 y 1987 fue profesora de ecumenismo en varias universidades españolas. Es conocida, sobre todo, por su contribución al diálogo entre el budismo zen y el cristianismo, especialmente a nivel del encuentro experiencial entre el camino del despertar del zen y la fe cristiana. Es discípula del conocido jesuita y maestro zen Enomiya-Lassalle, que la presentó al maestro zen budista Yamada Koun Roshi, quien la nombró maestra zen. Es fundadora del centro Zendo Betania en Brihuega (Guadalajara), donde reside desde 1988 y ofrece jornadas intensivas de zazen. Imparte conferencias y ha escrito varios artículos y obras sobre estas tradiciones espirituales, por ejemplo: *El verdadero vacío, la maravilla de las cosas* (Zendo Betania, 2008), *Atrévete con el dragón vivo* (Zendo Betania, 2009), y en San Pablo ha publicado *¿Por qué unos ven y otros miran y no ven?* (2019).

Tel. 917 425 113 - Fax 917 425 723
E-mail: secretaria.edit@sanpablo.es - www.sanpablo.es

Distribución: SAN PABLO. División Comercial
Resina, 1. 28021 Madrid
Tel. 917 987 375 - Fax 915 052 050
E-mail: ventas@sanpablo.es
ISBN: 978-84-285-5943-0
Depósito legal: M. 617-2022

INTRODUCCIÓN
Necesidad de arraigo interior en tiempos de grandes cambios

Hace años, tras las intensas lluvias que llegaron después de una larga temporada de sequía, en la que el suelo se había endurecido de tal manera que no drenaba el agua, cayeron bosques enteros debido a que las raíces de los árboles se habían podrido en el agua estancada. Bastaron algunos vientos fuertes para tumbarlos.

Otras veces, sin embargo, cuando hay mucha humedad en el ambiente, los árboles enferman, las hojas se ponen amarillas y marrones, debido a plagas que se instalan en ellas.

También se mueren los árboles por falta de agua limpia, de lluvia o manantiales, en la medida justa y sin que estén envenenadas por la polución de los ríos o del aire, que produce lluvias ácidas.

El problema no se ve en seguida y a simple vista, hasta que arrecia algún viento o temporal que lo pone de manifiesto. Entonces es el momento de preguntarse por qué pasa esto y cómo remediarlo.

Los seres humanos somos parte de la naturaleza, y en nosotros ocurren cosas muy parecidas a las que se observan en los árboles. Cuando se está sobreviviendo a base de estímulos exteriores de todo tipo, a veces venenosos, al fallar estos, la persona o bien reacciona o se viene abajo. Como el árbol, necesitamos raíces sanas y fuertes. Cuando faltan, sucumbimos. En la medida en la que no hay raíces personales interiores, resulta complicado sobrellevar situaciones difíciles. ¿Qué son en nuestro caso las raíces sanas, que nos hacen vivir y superar vendavales?

El ideograma o carácter chino-japonés 木 (MOKU, KI) significa árbol. En la línea horizontal podemos ver el suelo; en la parte vertical que asoma por encima, la parte visible del árbol, el tronco; en la parte inferior, la parte invisible del árbol, la raíz y ¡además triple!, lo que resulta muy significativo. Podemos aprender mucho de una cultura que pone especial énfasis en la raíz.

Triple raíz es el triple «maestro interior», que guía desde lo más íntimo del corazón. No se le puede ver, pero sí experimentar; no es una sensación, sentimiento o emoción. Y aunque es vacío para cualquier sentido interior o exterior, orienta en medio de las múltiples situaciones muy concretas de la vida. Es una brújula que no falla. ¿Cómo se sabe si es este maestro interior quien guía y no algo egocéntrico que surge del pequeño yo movido por gustos o disgustos, etc.? Si se hace caso del maestro interior, deja una paz como ninguna otra cosa. Maestro invisible, que orienta concretamente, deja paz –una única raíz–. Conviene, desde luego, contrastarlo con una persona sabia de confianza.

Realmente, como me dijeron en Japón, «más aún que aprender a hablar japonés, te conviene estudiar los caracteres chino-japoneses; se te abrirá todo un mundo desde la perspectiva de otra cultura». Los caracteres chinos contienen el misterio de la cultura, revelan la visión del mundo de una cultura que pone el énfasis en lo que no se ve a simple vista y que tiende a manifestarse en lo visible.

No hay árbol sin raíz, de allí surge todo lo demás, el tronco y la copa con sus hojas y frutos. Cuando la raíz se descuida, el árbol enferma, se marchitan sus hojas y no da buenos frutos. Cuando el ser humano no está arraigado en sus raíces, en su centro, se pierde, se derrumba, especialmente en tiempos difíciles como son las guerras, las migraciones forzosas, una pandemia como la Covid-19, con sus terribles consecuencias personales, sanitarias, laborales y sociales.

De igual modo, una sociedad sin raíces se autodestruye. De suyo, sus raíces beben de la sabiduría transmitida durante generaciones, plasmada en escrituras y formas de vida. Una sociedad que condena estas expresiones a la privacidad, o no sabe reinterpretarlas para su tiempo, se daña a sí misma y produce, aparte de analfabetismo cultural, un reguero de problemas como fundamentalismos, radicalismos, sectarismos. Se convierte en una sociedad sin alma.

Vivimos en una época de grandes y continuos cambios, los cuales exigen vivir bien enraizados en el centro personal. Poco a poco va calando en círculos cada vez más amplios la conciencia de que la dimensión de Interioridad, con mayúscula, es constitutiva del ser humano y que, cuando se la ignora, se va al desastre en todos los órdenes. Es el fundamento de la paz y de la conservación del planeta Tierra. Es lo que hace posible celebrar la unidad en la diversidad y la diversidad en la unidad.

Raíz 根 (KON, NE) está compuesta de («árbol») 木 y («resistir, inmovilidad, reposo») 艮. La raíz es lo que proporciona al árbol reposo o estabilidad y resistencia ante las inclemencias. Es la que proporciona soporte y anclaje en el suelo, del que a la vez absorbe agua y nutrientes.

Las raíces primarias crecen verticalmente hacia abajo y están compuestas de una raíz principal con raíces secundarias. Hay árboles, como los robles, que tienen raíces primarias muy profundas, mientras que otros, como las hayas, las tienen más superficiales y se extienden horizontalmente. Por esto la sabiduría popular recomienda huir en las tempestades de los robles, cuyas raíces que van al agua atraen los rayos, y refugiarse bajo las hayas.

¿Cómo cultivar raíces sanas y profundas para vivir sólidamente arraigados en medio de los vientos y tempestades que azotan la vida, especialmente en nuestro tiempo?

Existen maneras de impedir que los árboles caigan debido al fuerte viento. Y todo pasa por ayudar a que el sistema de raíces sea fuerte y resistente. Uno de los mayores problemas de las ciudades es la limitación en muchos casos del sistema radical de los árboles: viven en un sitio hostil, hay aceras, asfalto, cimientos y una serie de limitaciones que les condicionan el suelo; esto provoca que las raíces no se desarrollen como deberían. La mayoría de árboles que habitan en las calles siguen un mismo patrón desproporcionado entre su tamaño y el de sus raíces, lo que se convierte en un problema, porque no tienen un buen anclaje al sustrato.

¿No le estará pasando muchas veces algo parecido al ser humano? Tampoco nosotros podemos vivir si descuidamos la raíz. Se buscarán sustitutos, pero son engañosos y corroen la vida. Habrá que buscar un buen anclaje, un buen arraigo.

Otros árboles caen ahogados por plantas trepadoras, cuyas raíces se agarran al tronco como un veneno. En el caso del ser humano esas raíces venenosas pueden ser tres: formas de odio, de codicia o deseos y de orgullo. Estas surgen de identificarse con procedencias, logros, estudios, etc., olvidando quién se es en el fondo, de raíz.

Hace siglos alguien preguntó al maestro zen chino Yakusan Igen: «¿Qué piensas mientras estás sentado tan inmóvil?». El maestro contestó: «Me asiento en Impensable[1] *(fu shiryo)*». El primero insistió: «¿Cómo lo haces?». A lo que el maestro contestó: «No pensando/discurriendo *(hi shiryo)*». Siglos después el japonés Dogen añadió: «Impensable me sostiene». Impensable es la raíz más profunda que sostiene al ser humano.

Enomiya-Lassalle, SJ en su libro *¿A dónde va el hombre?* escribe: «La humanidad aún se encuentra en sus albores... Le queda todavía un largo camino por andar y este camino solo se puede emprender con la ayuda de un cambio radical a nivel de conciencia»[2].

Alfons Rosenberg, por su parte, en su libro *Durchbruch zur Zukunft* («Irrupción del futuro»)[3] constata un vendaval cósmico, barriendo el mundo, arrancando todo lo caduco, pero llevándose también a veces de modo irremisible elementos muy nobles.

---

[1] En chino no hay artículos. Puede ser lo impensable. Pero también se ha traducido por el Impensable.

[2] Hugo Makibi Enomiya-Lassalle, *¿A dónde va el hombre?,* Ed. Zendo Betania, Brihuega 2010, 121.

[3] Alfons Rosenberg, *Durchbruch zur Zukunft,* Turm-Verlag, Bietigheim 1971.

En la introducción de su libro escribe: «En el fondo no son los progresos técnicos ni las explosiones sociales la causa de los cambios que se están produciendo, sino una transformación del espíritu humano. Se ha transformado su modo de conocer y de amar, de ahí que el ser humano se vea a sí mismo y el mundo con otros ojos». Rosenberg se pregunta: «¿Qué es lo que ha transformado de tal manera el espíritu humano que se hayan podido producir estallidos en cadena de revoluciones mundiales...?». Recordando la visión del hombre cósmico de Hildegarda de Bingen, sitúa la historia humana en la historia del cosmos para encontrar la respuesta. A lo largo del libro describe los cambios que se están produciendo en los diferentes ámbitos de la vida humana.

Lo primero, dice Rosenberg, es que entramos en un periodo de cambios continuos y constantes. Es decir, que no es que ahora haya grandes cambios pero que luego vaya a llegar un tiempo más tranquilo, sino que la era de 2.100 años, en cuyos comienzos nos encontramos, según él, es una era de cambios revolucionarios constantes en la convivencia social. La vida en la Tierra se vuelve cada vez más precaria, tanto desde el punto de vista ecológico como social. De ahí la gran necesidad de raíces interiores.

La falta de ellas causa cada vez más desarraigo e, incluso, más enfermedades psíquicas. Esto exige, según Rosenberg, capacidades curativas maternales, femeninas. Va creciendo una gran necesidad de ayudar al ser humano a recuperar el órgano capaz de experimentar una Realidad que se escapa de su entendimiento, la cual, aunque invisible, lo sostiene. El anciano y la anciana, a los que la sociedad arrincona, van adquiriendo mayor importancia entre los jóvenes por la búsqueda de raíces. La convivencia con personas mayores adquiere desde este punto de vista un nuevo sentido.

Es un tiempo en que el cuidado de la salud va a suponer cada vez más la atención a la interioridad, tanto desde el punto de vista psicológico como trascendiéndolo.

Más adelante volveremos con más detenimiento sobre el futuro que vislumbra Alfons Rosenberg.

Tiempo de cuidar las raíces, de arraigar bien, pero... ¿cómo?

I. ARRAIGO EN LA INFANCIA

Partir de dentro

Se cuenta de un ciego de hace veinte siglos que al empezar a ver, dijo: «Veo a los hombres como árboles que caminan» (Mc 8,24)[1].

Desde su nacimiento, cuando se corta el cordón umbilical, el ser humano carece de una raíz física al estilo de un árbol. Aunque de alguna manera se mantiene el «cordón umbilical» necesario con la madre, hay que irlo soltando progresivamente. Una madre sabia de un club de filosofía de un barrio obrero, en el que las personas reflexionaban sobre la libertad desde su experiencia vital, dijo: «A partir de dar a luz hay que soltar al niño o la niña cada vez más para que se haga persona».

[1] *Biblia, Evangelio de Marcos,* DDB, Bilbao.

- *¿Qué opinas tú?*
- *¿Crees que es preferible proteger para evitar los golpes?*

La referencia a sus padres sigue siendo importante para el niño. Le proporcionan un medio seguro en que se puede desenvolver, un lugar donde se le quiere sin condiciones. Desarrolla la conciencia de pertenecer a un grupo familiar, enraíza en una cultura con su lengua, que es mucho más que palabras: encierra una visión del mundo. «La lengua es morada del ser», como dice Heidegger en su *Carta sobre el humanismo*.

A veces son otras personas las que suplen a los padres: una abuela, una tía. A veces con mucho dolor, las personas se fortalecen en medio de la carencia de protección que cabía esperar o intentan liberarse de una sobreprotección que ahoga. En cualquier caso esto las conforma. Contribuye a crear sus raíces personales.

Actualmente son pocas las personas que nacen y crecen en pueblos o municipios pequeños, que amplían el entorno familiar. En las ciudades a veces suplen los barrios. A menudo en las ciudades aún se sigue hablando de «mi pueblo», y en el mercado se puede comprar «chorizo de mi pueblo», «queso de mi pueblo», etc. He oído comentar a alguien que vive en la ciudad, con cierta nostalgia, que no tenía pueblo.

El pueblo o el barrio de la infancia son mucho más que un espacio y un tiempo determinado. Allí se ha estado en contacto con algo íntimo, de modo natural sin reparar en ello. Tiempo después, cuando han pasado los primeros años de tránsito a la vida adulta con sus exigencias, puede que en algún momento asome una especie de añoranza de algo perdido. Una persona soñó que había salido del pueblo, había entrado en el bosque y luego no encontraba el camino de vuelta ni la llave de su casa. Fue el principio de una búsqueda interior.

- *¿Te ha pasado alguna vez en la vida, a lo mejor en la infancia, estar de pronto un momento inmóvil, sin pensar en nada? ¿En la playa mirando el mar, en la cumbre de una montaña, mirando al cielo, comiendo una naranja, viendo una hoja, al anochecer...? ¿Te gustaba esconderte en algún rincón y estar solo o sola en silencio?*

El psicoterapeuta Karlfried Graf Dürckheim cuenta en uno de sus libros que en un momento dado él interrumpió a una mujer, que había acudido a su consulta y le estaba hablando de su vida, para preguntar: «Buena mujer, ¿qué pasó aquella vez que entró con su madre en una iglesia y entraba la luz por las cristaleras de color?». «Nada especial, ¿por qué me lo pregunta?». «Mientras me lo contaba, en su voz había un tono diferente. Para la próxima vez intente acordarse de si ha habido otros momentos parecidos en su vida».

Cuando al cabo de unos días la mujer volvió, contó que había recordado otros dos momentos. Una vez, en el tranvía una mujer mayor la había mirado de una manera especial. La otra fue después de una tormenta, cuando ella salió a pasear por el bosque y vio cómo los primeros rayos de sol se reflejaban en una gota en el musgo.

Dürckheim preguntó entonces: «¿Qué le hace relacionar estos tres momentos tan diferentes?». «Es que en ellos sentí una paz y alegría especiales», y al explicarlo fue como caer en la cuenta de lo que estaba diciendo, lo estaba reviviendo en cierta medida.

«¡Pero eso son cosas sin importancia!», añadió en seguida. «Al contrario –replicó Dürckheim–, son básicas en su vida». A partir de este momento no hizo falta volver a más sesiones de terapia[2]. «La vida de esta mujer empezó a cambiar. No solo había vivido tres veces esa experiencia, sino que también había reconocido su valor y su verdadera significación. Empezó a admitir en ella esta realidad superior a toda nuestra realidad». Dürckheim creó un centro de «terapia iniciática», un centro dedicado a reconectar a las personas con sus propias raíces.

- *¿Recuerdas algún momento parecido en tu propia vida?*

---

[2] K. Graf Dürckheim, *El hombre y su doble origen,* Cuatro Vientos Editorial, Chile 1996, 70-71.

- *Son momentos que no se deberían olvidar, porque allí se toca un no-sé-qué que sostiene y da sentido.*

Muchas personas, si no todas, han vivido este contacto con sus propias raíces en algún momento, o bien en la infancia o en la adolescencia o ya de adultos, pero no le han dado importancia, quizás porque tampoco se la daba el entorno social, cultural, y hasta puede que religioso, en que se movían.

Hay quien vive en un pequeño municipio de menos de tres mil habitantes, a cuatro pasos del campo abierto, con río, árboles, y no sale de entre las casas. Hasta el punto de decirle a una persona que vive a un kilómetro del casco urbano: «Tú, que vives en el campo». Sin embargo años atrás los niños y niñas jugaban fuera en el campo, junto al río y se inventaban mil y una cosas.

- *¿Sales tú alguna vez del núcleo urbano en el que vives?*

También los niños de cualquier barrio de una gran ciudad, cuando tienen la oportunidad, juegan absortos en su juego. Un día habían podado los árboles en la calle de un barrio y quedaban las ramas en el suelo. Unos niños empezaron a montar una tienda jugando felices. Pero una buena mujer los llamó para decirles que empezaba la película en la tele, que subieran. ¡Qué lástima!

El juego es algo tan importante que un profesor de la universidad de Friburgo de Brisgovia en 1958 llegó a dedicar todo un semestre a conferencias sobre el juego.

- *¿Valoras las iniciativas, los juegos de los niños?*
- *¿Les dejas espacio para que las desarrollen, sin atosigarlos con clases extra fuera del horario escolar, de tal manera que ya no queda tiempo ni para jugar?*

El cultivo de las raíces empieza en la infancia y sigue toda la vida. Rosa Sensat i Vila (1873-1961), una gran educadora barcelonesa, fue la primera directora de la «Escuela del Bosque», a partir de su fundación en 1914 y hasta 1930, cuando le pidieron que se encargara del «Grupo Escolar Milà i Fontanals» (1931-1936). Era muy consciente de la importancia del contacto con la naturaleza y estaba convencida de que cada niño y cada niña debían desarrollar sus capacidades personales al máximo para integrarse en la sociedad y aportar lo mejor de ellos. En el centro de esta educación estaba el respeto a su personalidad y el desarrollo de la misma de forma integral, en su dimensión cognoscitiva, sensorial, social, física, artística y espiritual. En su escuela al aire libre los libros tenían su importancia, pero sobre todo la tenían las propias experiencias de los niños y niñas.

Cuando a una de sus maestras le echaron en cara que no sabía educar bien a su propia hija porque no obedecía al estilo prusiano, ella contestó que obedecería cuando lo entendiera. Si no se actúa así, se cortan las raíces. En cambio haciéndolo así, se fortalecen y se va afianzando la fidelidad a lo más auténtico de la persona, a su dignidad inherente.

María Montessori (1870-1952), médica y educadora italiana, casi coetánea de Rosa Sensat, sostenía que en la educación había que partir de los intereses del niño y de la niña, alentar su creatividad y desarrollar su capacidad natural. Había que dejar que se equivocaran y que volvieran a intentarlo. Montessori insistía en que había que dejar que tuvieran un papel activo y dinámico en el proceso de aprendizaje y que este debía provocar felicidad. Tanto María Montessori como Rosa Sensat siguen inspirando hasta la fecha a muchas personas educadoras.

Aproximadamente de la misma época también es el jesuita neerlandés Jacques van Ginneken (1877-1945). Fundó dos institutos de mujeres, inspiradas por una mentalidad parecida: «Viviendo y trabajando entre personas de diferentes creencias y convicciones, debemos albergar un hondo respeto ante todas las personas y una profunda reverencia ante su dignidad única y permanente, sus cualidades, sus dones individuales [...], sus talentos y decisiones personales; siempre vigilantes para no meter a la gente en el mismo molde a costa de su identidad»[3].

[3] Cf *Reglamento de la fundación Reinilda,* Países Bajos 1923, 67.

Se trata de no convertir a las personas en objetos, de no moldearlas según una idea preconcebida de lo que tienen que ser. De no juzgarlas por lo «políticamente correcto» sino de verlas en su dignidad inherente, única dentro de un conjunto de relaciones. *E-ducar* es sacar a flote el potencial inherente en ellas. Todo lo contrario de exponerlas a dejarse arrastrar por el «pensamiento único». Recuerdo que, cuando terminé la enseñanza media, a veces me venía al pensamiento la idea de que otros niños lo tenían más fácil porque les decían lo que tenían que hacer o estudiar. Mientras que yo debía descubrirlo por mí misma. ¡Qué gran regalo este de mis padres! Propiciaron en mí el actuar desde las propias raíces, y las fortalecieron. Aunque alguna vez no saliera lo que ellos hubieran preferido, lo respetaban.

Partir de dentro, pero no un «de dentro» en el aire. Hay algo así como un terreno fértil, un humus compuesto por los vínculos familiares, gracias a los que la persona puede descubrir su individualidad, y más adelante su identidad, al saberse arraigada en una patria chica, un país, una tradición cultural y religiosa.

- *¿Soy fiel al propio corazón, en una doble fidelidad: al corazón mismo y a las interpelaciones que llegan del entorno?*
- *¿O me dejo llevar por lo más fácil y menos arriesgado, dañando el interior, la dignidad inherente?*

- *Tal como la persona actúa consigo misma, así actúa con las demás. ¿Cómo ves a las demás personas? ¿Juzgándolas? ¿Convirtiéndolas en objeto?, o ¿viéndolas desde tu centro en su centro?*

Se trata de una identidad abierta, no de «una apertura que renuncia al propio tesoro. Así como no hay diálogo con el otro sin identidad personal, del mismo modo no hay tampoco apertura entre pueblos sino desde el amor a la tierra, al pueblo, a los propios rasgos culturales. No me encuentro con el otro si no poseo un sustrato donde estoy firme y arraigado, porque desde allí puedo acoger el don del otro y ofrecerle algo verdadero. Solo es posible acoger al diferente y percibir su aporte original si estoy afianzado en mi pueblo con su cultura»[4].

- *¿Qué provoca en ti ver a alguien de otro país, cultura, costumbres, por ejemplo un africano, un asiático?*

Estímulos exteriores

Partir de dentro no dispensa de estímulos exteriores, de la palabra que suscita, te anima sin imponer, conecta directamente con los arquetipos grabados

[4] Papa Francisco, *Fratelli tutti* 143, San Pablo, Madrid 2020.

en el inconsciente colectivo del corazón de toda persona humana y orienta, afianza las raíces. Ahí está la gran importancia de los cuentos populares que nutren las raíces, que ayudan a descubrir y cuidar la propia dignidad. Sobre todo contados de viva voz por una persona que inspira confianza.

El niño y la niña, al escuchar los cuentos, desarrollan su propio potencial, toman consciencia de sus capacidades y de que hay amigos que les ayudan. De ahí que los cuentos sean como un espejo del cerebro humano siempre moldeable, que está preparado para encontrar caminos en las relaciones con el entorno, donde se pueda dar constantemente un desarrollo positivo. El lenguaje del cuento basado en imágenes hace comprensible las relaciones anímicas y sociales que de cualquier otra manera son difíciles de transmitir, y el niño va sabiendo: pase lo que pase, al final todo se arreglará.

De esta manera, el cuento fortalece la confianza en la vida y anima al niño y a la niña a descubrir en situaciones difíciles sus propias capacidades y a valerse de ellas. No hay técnica moderna que pueda suplir el haber escuchado y vivido cuentos. Dejan la impronta de experiencias importantes, a las que el adulto puede volver a recurrir. La conciencia de que las crisis son superables es uno de los presupuestos más importantes para una vida lograda. Es algo que está enraizado en el inconsciente colectivo y permite superar los miedos. Los cuentos fortalecen de muchas formas diferentes la confianza en el niño y sería una lástima no seguir contándolos.

- *¿Recuerdas algún cuento popular que te haya impresionado?*
- *¿Cuentas alguna vez cuentos ya sea a niños o mayores?*

Son la «filosofía del niño» y pueden seguir siendo muy significativos para la persona adulta durante toda su vida. Aran la tierra del corazón y pueden ayudar a comprender desde dentro otra Palabra, la palabra de las Escrituras, que de esta manera cae en tierra labrada y fértil y conecta con la vida. No como algo extraño sino como algo que responde a un anhelo interior.

Nos referimos sobre todo a los cuentos populares que, al contrario que los literarios, carecen de autor concreto; son sabiduría nacida en los pueblos y, en el caso de los que recogieron los hermanos Grimm, contienen vestigios de antiguos mitos de la India.

Además de que un árbol esté bien arraigado, hay que cuidar que crezca derecho y responda a su propia naturaleza y al entorno en que está plantado, para aportar el solaz de su sombra y buenos frutos. Pero se pueden meter trepadoras o enredaderas que le quiten fuerzas o ahoguen, o que los vientos de la vida lo zarandeen y tuerzan. Durante toda la vida humana hace falta una especie de estaca-guía. Pueden proporcionarla los cuentos populares, las leyendas, las escrituras sagradas.

Es básica la fidelidad al propio corazón y responder con fidelidad a los retos del entorno. El resultado necesita ser cribado, discernido, contrastado con una «estaca» que orienta y apoya.

El príncipe en el cuento de *La Bella Durmiente,* que logra despertar a la princesa dormida durante cien años, ni siquiera se habría enterado de su existencia en el palacio cubierto de zarzas, si un anciano no le hubiera contado la leyenda. ¡Qué importantes son los relatos transmitidos desde antiguo en leyendas y escrituras!

- *¿Tienes una estaca-guía en la vida que te orienta y ayuda a discernir lo que entiendes en el corazón?*
- *¿La aportas a otros?*

Esta estaca-guía está para ayudar al árbol, no para suplantarlo, no para dominarlo o ahogarlo, ni siquiera para recortarlo de tal manera que, por ejemplo, un chopo parezca un nogal. Demasiadas palabras pueden llevar a que ya no se escuche al corazón y se pase a guiarse por lo que viene de fuera. Así se originan las ideologías, del tipo que sean, sociales, políticas, religiosas, alimenticias, sanitarias... Puede que se trate de cosas valiosas, pero no ayudan si son demasiadas y están revueltas.

Hoy en día, en que es posible el acceso a mucha y múltiple información, se tiende al *window shopping,* a «mirar escaparates». Da la impresión de que se valora mucho el silencio, la interioridad, porque se habla y se lee mucho sobre ellos, pero en realidad se añade más ruido desde fuera. En tiempos de Juan de la Cruz, como señala en *Noche Oscura,* había quienes llevaban todo tipo de escapularios, y esto les hacía creer que eran muy espirituales, cuando en realidad era lo contrario. Quien mucho abarca, poco aprieta. Esto no ayuda a fortalecer las propias raíces profundas.

«Muchos no se acaban de hartar de [...] leer muchos libros que traten de esto y váseles más el tiempo en esto que en obrar [...]. Se cargan de imágenes y rosarios bien curiosos; ahora dejan unos, ya toman otros; ahora truecan, ahora destruecan», decía Juan de la Cruz en el siglo XVI (*Noche Oscura* I,3,1). Es un autoengaño y una huida inconsciente, que toma diferentes formas según las épocas. Ahora puede ser un cursillo de una cosa, una conferencia de otra, unas prácticas, etc. Hoy una conferencia del padre X., mañana del padre Y., etc. Yoga hoy, *vipassana* mañana, *mindfulness* pasado, al otro zen y luego meditación tibetana. Parece que se ahonda, cuando en realidad uno se evade por la superficie. «Todo es lo mismo», se dice. ¿Entonces por qué no te decides por una cosa y la haces bien?

En un antiguo texto zen se dice: «Hay a quienes les encanta deslizarse por la corriente de la familia zen. Venir a practicar con la barriga llena no sirve de nada. Es de lo más triste, de lo más risible»[5].

Ciertamente, un árbol necesita agua, lluvia y sol para arraigar y crecer. Pero sucede que si la tierra después de una larga sequía se ha vuelto impermeable, cuando llueve mucho, el agua se estanca y las raíces metidas en estas aguas estancadas acaban por pudrirse. Ha sucedido no solo con árboles dispersos sino con bosques enteros. Externamente los árboles a primera vista pueden parecer sanos, pero la raíz está nadando en agua, se pudre y no arraiga ni sostiene. Viene una tormenta y los fuertes vientos tumban los árboles. Lo mismo pasa con nuestras raíces. Se pueden ahogar. Entonces lo que se ofrece para ayudar, ahoga.

- *¿Te has dado cuenta de que al regar una planta demasiado la acabas ahogando? ¿Y que apuntarse a todas las conferencias y a los cursos más variados, por buenos que sean, a la larga esto no centra ni acaba de satisfacer el deseo profundo de arraigo y paz?*

Para arraigar hace falta limitarse. Desde un arraigo profundo, paradójicamente, es posible abrirse ilimitadamente sin perderse.

---

[5] *Hekiganroku* 97.

La blanca paloma

De cómo convertirse en árbol frondoso que da buenos frutos nos habla uno de los cuentos populares recogidos de viva voz por los hermanos Grimm, al escuchar a la gente de los pueblos. Son como mitos populares que hablan del sentido de la vida, de cómo llegar a ser verdaderamente persona. Se conoce como el cuento de *La blanca paloma.*

Comienza diciendo que había una vez un hermoso peral. Estaba plantado en el huerto delante del palacio de un rey. Todos los años daba los mejores frutos. Pero siempre solían desaparecer de repente en una noche, y nadie sabía por qué.

Cada uno de los personajes que aparecen en los cuentos son el mismo ser humano: unas veces, rey; otras, mendigo; unas veces, rana; otras, príncipe; otras incluso piedra, perla, pájaro o flor; o un árbol, como ocurre en este caso.

El ser humano es como un hermoso árbol, vivo, plantado en tierra noble, o sea, es noble y libre desde siempre y los frutos que da en la vida son muy buenos. Eso es en origen, esa es su bondad original, pero a la vez hay algo, menos esencial, pero también como originario, un «mal original», y es que estos frutos buenos desaparecen en la noche de la vida, sin que se sepa cómo. Realmente es una gran pregunta: Si el ser humano es bueno en origen, fue creado a imagen de Dios y «vio que era bueno», según dice la Biblia, ¿cómo se explica que en el día a día existen odios, codicias, orgullos y las consecuencias de guerras, injusticias, etc.? El hecho es que es así. Y de allí arranca el cuento y la vida humana, tratando de «volver» al origen.

El rey tenía tres hijos –dice el cuento–, y el más joven de ellos era tenido por ingenuo y tonto. Entonces mandó al mayor que se pusiera a vigilar el árbol. Así lo hizo durante todo un año, manteniéndose despierto y vigilante todo el tiempo, pero llegó una noche en que el sueño le pudo, y cuando por la mañana abrió los ojos, las peras habían desaparecido.

El rey entonces encargó al segundo hijo que vigilara con mucha atención. Pero de nuevo ocurrió que llegó una noche en que se dejó vencer por el sueño y a la mañana siguiente las peras habían desaparecido.

Ya solo le quedaba el hijo menor, y el rey le encargó la misión de vigilar el árbol y estar muy atento para descubrir quién robaba las peras. Todos en el palacio se reían diciendo: «Los hijos mayores, tan inteligentes como son, no han podido averiguarlo, ¿qué va a hacer este ingenuo?».

De miles de maneras diferentes se vuelve a repetir la misma historia: el ser humano trata de encontrar una salida a su situación, trata de recuperar algo «perdido», recurriendo a sus propias fuerzas, sus «potencias del alma», su inteligencia y voluntad, pero resulta que esto no es suficiente, ni siquiera lo más importante. En este camino de «vuelta al origen» lo que hace falta sobre todo es una determinada vigilancia del corazón, que no depende de la inteligencia, ni de saberes o prestigio. Y si esta falla, no sirve de nada todo lo que se puede o sabe. Va a ser el pequeño, como tantas veces, el que carece de prestigio, el que encuentre la salida.

El hijo menor se puso a vigilar el árbol todo lo mejor que pudo. A veces le daba mucho sueño, pero lograba resistirse y mantenerse despierto. Así noche tras noche, sin fallar ninguna. Hasta que una vez, de pronto, vio cómo llegó una blanca paloma, cogió una pera y se fue volando. En seguida se levantó y la siguió. La persiguió por montes y valles, muy lejos, y finalmente llegó a una montaña muy alta.

La vigilancia del corazón de una persona de buena fe consigue lo que parecía imposible. En las noches oscuras en que se mantiene despierto y vigilante se da cuenta de que se le ha robado algo. Son momentos de sentir la pérdida, de la que antes no se había sido consciente; estaba, pero ignorada o tapada como cuando uno está dormido y no se entera. Durante el zazen, las sentadas en silencio vigilante, se da uno cuenta de cosas que en el fondo se saben, pero que están más o menos inconscientes, actitudes erróneas, prejuicios, egoísmos.

Manteniéndose vigilante de corazón no solo se da uno cuenta del «robo» a sí mismo, sino que llega a ver en un momento dado la blanca paloma, la verdadera naturaleza, el alma. Es como un momento de *ken-sho,* literalmente: «ver la naturaleza esencial».

Ahora se trata de seguir a la blanca paloma, esta luz del alma, como dice Juan de la Cruz, «sin otra luz ni guía sino la que en el corazón ardía». Esto lleva a una experiencia mayor, cumbre; la paloma lo lleva hasta lo alto de una montaña. Pero ahí, de repente, la paloma desapareció en la ranura de una roca. El joven príncipe se queda desconcertado y cuando se vuelve ve detrás de él a un hombrecillo gris. «Dios te bendiga», le dice el joven, y el hombrecillo, que le agradece el saludo, le orienta indicándole que ha de entrar en la roca y bajar escaleras abajo, donde encontrará a la paloma.

Siempre sorprende que después de una experiencia de encontrarse con el propio centro la cosa no vaya a más, a mejor. Al contrario, parece que se va para atrás. Vuelven la oscuridad y la lucha. Pero la verdad es que ahora empieza realmente el camino de transformación. Lo que antes se entrevió como en un abrir y cerrar de ojos, y que, atraído por ello, se fue siguiendo, ahora va haciéndose realidad. Como quien ha conseguido levadura y a continuación trabaja amasándola.

En *Los diez cuadros del boyero*[6], que narran la búsqueda de un campesino que ha perdido su buey, lo

---

[6] Ana María Schlüter, *Los diez cuadros del boyero,* en: *Recepción del zen en Occidente entre cristianos,* Ed. Zendo Betania, Brihuega 2011, 217-220.

más valioso que tiene, en el tercero ya «ve el buey», pero luego siguen una serie de escenas, en que se trata de atar a un buey muy rebelde, de tirar del buey en sentido contrario a lo que este quiere, para irlo domando y por fin poder dejar la reata colgando e incluso llegar a sentarse a lomos del buey.

También en este cuento ocurre así. La paloma desaparece de nuevo, y hay que volver a meterse en una noche oscura, entrando en la montaña por la estrechez, angostura, de una ranura.

La indicación, muy valiosa, que recibe el joven del hombrecillo gris, la consigue gracias a su actitud humilde y amable que le hace decir: «Dios te bendiga». Él no se cree ni superior ni demasiado bueno para hacer caso del hombrecillo gris. No lo desprecia, ni se avergüenza de él, como han hecho sus hermanos mayores.

El hombrecillo gris es la sombra del príncipe, la sombra del ser humano, que se ve cuando uno mira lo que tiene a sus espaldas, es decir, en el inconsciente. Allí aparece la sombra de lo que realmente es; aparece la luz, pero bajo apariencia de lo contrario, como la luz que se manifiesta como sombra cuando algún objeto interfiere en sus rayos. La actitud ante las sombras que aparecen en el camino debería ser siempre como la de este príncipe, una actitud de acogida realista, que eso es humildad, palabra que viene de *humus,* tierra. Una actitud de bendición. De esta forma es como se redimen. En cambio no ocurre así si se reprimen o rechazan. Durante el zazen la cuestión es no entrar en el tema ni reprimirlo, sino mantenerse libre en medio de la situación, atándose a la respiración, vigilante de espíritu.

Siguiendo el consejo recibido, el príncipe entra en la montaña y desciende muchos peldaños. Abajo del todo descubre efectivamente a la paloma. Pero está enredada en telarañas, atada, falta de libertad para volar. Sin embargo, a medida que va viendo al príncipe se le van cayendo las ataduras y, cuando se rompe el último hilo, se convierte en una hermosa princesa.

Es por un camino de abismamiento, al interior, «escaleras abajo», como puede llegarse a descubrir la luz del alma, no se llega buscando fuera, por medio de los sentidos. «Lo que entra por la puerta no es tesoro familiar», reza un viejo dicho zen. Lo que entra por las puertas de los sentidos y del entendimiento no es este tesoro del centro del alma, la naturaleza esencial propia, este no se puede entender, solo experimentar.

Vuelve a haber, pues, un caer en la cuenta del verdadero ser, ver la paloma, pero aún no hay verdadera libertad. Esta llega cuando ya no se repara en haber llegado. La salud es libertad total, gran naturalidad. Es la unificación de la persona, convertida en un bien para los demás. Al encontrarse el príncipe con la princesa se celebra la boda. Él se convierte en un rey que gobierna su país con gran sabiduría.

Esta unificación de la persona, el llegar a ser lo que se es en origen, siempre es una gran alegría. El ser humano ahora realmente es como un hermoso peral plantado en el jardín de un rey. Vive libre desde la nobleza de su verdadero ser y es dueño en su propia casa. Su sabiduría es un gran bien para muchos, una bendición para los demás. La proyección hacia los otros siempre forma parte de todo camino de interioridad y humanización, es un signo de su autenticidad[7].

- *¿Te sugiere algo de tu propia vida lo narrado en el cuento?*

---

[7] ANA MARÍA SCHLÜTER, *La blanca paloma*, en: *Luz del alma. El tesoro escondido de los cuentos*, PPC, Madrid 2004.

II. SACUDIDA DE LAS RAÍCES

Uno de los motivos básicos de sacudida de las raíces e incluso de desarraigo, en nuestro tiempo, es el hecho de que estamos sometidos a constantes cambios, más profundos que los más visibles, como son los movimientos migratorios entre continentes, del campo a la ciudad, y el reto del encuentro con otras culturas lejanas, muy diferentes.

Migraciones

Una niña nacida en Barcelona queda varada en Berlín con sus padres, a la edad de un año y unos meses, tras una visita a los abuelos de allí, debido al estallido de la Guerra civil de España. Pocos años más tarde, a causa de la II Guerra mundial, evacuación de la ciudad al campo por los bombardeos constantes. Terminada la guerra y la posguerra, vuelta a Barcelona. Un desarraigo tras otro. En Berlín es la niña de Barcelona; en un pueblo alemán, la niña de Berlín; en Barcelona, la niña alemana. ¿Dónde está su casa?

Descubrimiento íntimo viendo una vez un cielo completamente despejado sobre un mercadillo de barrio en Barcelona: ¡mi casa en todas partes!

Posteriormente, siete años en los Países Bajos y vuelta a España, esta vez a Madrid. Estancias largas en Japón. En los Países Bajos, a la joven alemana, venida de España, se le funden las raíces de la infancia y adolescencia. En el ambiente neerlandés aún se respira desprecio y odio debido a guerras recientes y lejanas. Aquellos lugares y momentos que eran sus raíces, una pequeña flor amarilla, un bosque de hayas donde apuntaban al final del invierno las primeras flores, la recogida de hayucos entre las hojas húmedas en otoño, un pueblo entrañable, el espacio de una basílica envuelta en nubes en el macizo de Montserrat... «Un no sé qué que quedan balbuciendo»[1]... Todo se vino abajo. En realidad a través de ello había experimentado una raíz más profunda, una raíz que no puede derrumbarse y que no está atada a este ni a ningún otro lugar y tiempo. «Para venir a poseerlo todo, no quieras poseer algo en nada»[2], palabras misteriosas de Juan de la Cruz que empiezan a cobrar sentido.

¿En Japón? Sorprendentemente, en el pequeño centro zen de Kamakura: en casa, viviendo sola en

[1] Juan de la Cruz, *Cántico espiritual*, 7.

[2] Id, *Monte de la Perfección*.

una casita tradicional japonesa de diez tatamis, vacía, paredes desmontables de madera y papel de arroz, en medio de la naturaleza, con la que forma un todo.

Sentada en el suelo ensaya sobre papel de arroz, con tinta hecha de hollín de madera, infinitas hojas de bambú, su tronco, sus ramas. Un bambú cuyo comienzo y final no se pinta, viene del infinito y vuelve al infinito, no se ve.

A temporadas llegaba al centro zen en Kamakura, entre otras personas occidentales, un jesuita desde Suiza. Las piernas no le cabían en los sabutones o mantas para sentarse en el suelo, hechas a la medida de piernas japonesas. Venía de los Alpes, y Kamakura está al lado del mar. La comida no se parecía, las costumbres eran muy diferentes, la lengua incomprensible..., y sin embargo decía: «Cuando llego aquí, llego a casa». Eso mismo se dice a menudo al llegar al zendo de Brihuega, desde Sevilla, Bilbao, Salamanca, Madrid, Valencia o Vigo, o más lejos todavía.

¿Qué es eso? ¿Qué es lo que se descubre en lo más íntimo, en el silencio? Que se ha vivido de niño o niña, como lo más natural del mundo, donde están las raíces familiares, en el pueblo o barrio de ciudad; luego se ha perdido más tarde por traslados, o por entregarse unilateralmente al estudio, al desarrollo del entendimiento; o te lo han arrancado despreciando tu origen o... Y que ahora reencuentras.

- *¿Tienes todavía tu pueblo o tu barrio o lo has perdido?*
- *¿Qué cambios notas en ti o a tu alrededor?*
- *¿Qué provocan en ti estos cambios?*

Cambios cósmicos

Así como existen tempestades capaces de arrancar árboles si no están bien enraizados, también existen vendavales cósmicos que acechan la estabilidad del ser humano.

A finales de julio de 1939, cuando negros nubarrones presagiaban en Alemania una gran catástrofe, el teólogo Alfons Rosenberg, sacerdote católico, redactó por primera vez sus reflexiones para comprender lo que, en el trasfondo de un presente aterrador, estaba ocurriendo. Años después publicaría su libro titulado *Durchbruch zur Zukunft* («Irrupción del futuro»)[3]. Constataba un vendaval cósmico barriendo el mundo, arrancando todo lo caduco.

En la introducción de su libro escribe: «En el fondo no son los progresos técnicos ni las explosiones sociales la causa de los cambios que se están produciendo, sino una transformación del espíritu humano. Se ha transformado su modo de conocer y de amar,

---

[3] Alfons Rosenberg, *Durchbruch zur Zukunft,* Turm-Verlag, Bietigheim 1971.

de ahí que el ser humano se vea a sí mismo y el mundo con otros ojos». Rosenberg se pregunta: «¿Qué es lo que ha transformado de tal manera el espíritu humano que se hayan podido producir estallidos en cadena de revoluciones mundiales?». Recordando la visión del hombre cósmico de Hildegarda de Bingen, sitúa la historia humana en la historia del cosmos para encontrar la respuesta.

A lo largo del libro describe los cambios que se están produciendo en diferentes ámbitos de la vida humana y constata que se derrumba una mentalidad que creía poder definir claramente lo que es verdad y condenar lo que no lo era; que podía dominarlo todo. En su lugar ahora emerge una tendencia al pluralismo, religioso, político. En un primer momento se tiende al sincretismo y al relativismo, hasta que se alcanza la madurez, que consiste en descubrir a la vez la unicidad de lo propio y la unidad con el otro, diferente.

El vendaval cósmico, que barre el mundo, arranca todo lo caduco, pero también se lleva a veces de modo irremisible elementos muy nobles. Entramos en un cambio de época de transformaciones profundas. Así también lo prevé Enomiya-Lassalle, SJ en su libro *¿A dónde va el hombre?*[4].

Rosenberg trata de entender la raíz de estos cambios basándose en Platón y los aportes de la ciencia

[4] HUGO MAKIBI ENOMIYA-LASSALLE, *¿A dónde va el hombre?*, Ed. Zendo Betania, Brihuega 2010.

moderna. Para ello nos sitúa en el cosmos y constata: Nosotros nos movemos, la Tierra se mueve, la Luna que gira en torno a la Tierra se mueve; junto con una serie de planetas giramos en torno a uno de los muchos soles, dentro de una galaxia que a su vez también se mueve. Habiendo además otras galaxias.

La Tierra gira alrededor del Sol y describe una órbita, la elíptica, que dura 365 días y 6 horas. Los planetas también giran alrededor del Sol ocupando una franja de cielo a uno y otro lado de la elíptica, que se llama Zodíaco.

La humanidad ha observado el cielo y ha descubierto periodicidades muy grandes, además de la periodicidad de un *día* de 24 horas, que es lo que tarda la Tierra en dar una vuelta en torno a sí misma, y el *año solar,* que es lo que tarda la Tierra en describir la órbita elíptica en torno al Sol.

Todas las periodicidades, pequeñas y grandes, influyen en el ser humano, que está relacionado con el cosmos, como han constatado por ejemplo los Mayas y otras culturas antiguas. En Occidente, por ejemplo, Hildegarda de Bingen[5].

- *¿Constatas en tu propia vida alguna relación con las estaciones, con la Luna, con el tiempo atmosférico?*

[5] Hildegarda de Bingen, *Libro de las obras divinas,* Herder, Barcelona 2009.

- *Piensa también en las mareas altas y bajas de los océanos.*

Hay una particularidad en las vueltas que da la Tierra en torno a sí misma. Imaginemos la Tierra como una peonza. Cuando a una peonza se le hace dar vueltas, al final pierde velocidad y empieza a bambolear describiendo con su eje círculos en la parte de arriba. En este tiempo el eje norte-sur de la Tierra va apuntando sucesivamente a las doce constelaciones del zodíaco: Aries, Piscis, Acuario, Capricornio, Sagitario, Escorpión, Libra, Virgo, Leo, Cáncer, Géminis y Tauro. La «peonza» Tierra tarda 25.200 (25.820 según el cálculo de los Mayas) años hasta que su eje vuelve a estar en la posición de origen. El tiempo que tarda el eje de la Tierra en bambolear de una constelación a otra es de 2.100 (unos 2.152) años, *pequeño año mundial.*

El espacio de tiempo de 25.200 años se llama año platónico o *gran año mundial* y consta de doce pequeños años mundiales. Cada uno de estos a su vez consta de 12 *meses mundiales,* que equivalen a 175 años solares cada uno. ¿Pero qué tiene que ver el desplazamiento del eje de la Tierra con la historia humana? Todas las partes del universo están interrelacionadas; el ser humano está mental y físicamente dentro de esta unidad viva, en que todo influye en todo y está en relación mutua. También las doce constelaciones influyen en el ser humano. Tomás de Aquino decía que las estrellas, como cuerpos que son, influyen en lo corporal[6], los ángeles buenos y malos a nivel mental, y solo Dios puede influir directamente en el alma humana. Los humanos estamos condicionados, pero no predeterminados. Somos libres para ser fieles al centro de sabiduría y amor, por el que nos trascendemos a nosotros mismos y nos entregamos a los demás. Ya que el cosmos, la Tierra y el ser humano están interrelacionados, los años mundiales, tanto grandes como pequeños, influyen en la historia humana y dan lugar a periodos con diferentes características y tendencias diversas.

El último *pequeño año mundial* terminó según Rosenberg en el año 1950 (según los Mayas la era anterior terminó el 21 de diciembre del 2012). Durante los tres últimos meses mundiales, es decir, hace 525 años solares, ya empezó a declinar, o sea en torno al año 1425. Los últimos tres meses de una era ya encierran tendencias de la era que viene. El impulso de una nueva era precisa 3 meses mundiales (3 x 175 = 525 años) para hacerse notar del todo.

Ahora estamos al comienzo de un nuevo pequeño año mundial, en la primera fase ascendente, que durará unos tres meses mundiales, o sea 525 años, hasta el año 2.475. Por tanto estamos en la transición de un

---

[6] Tomás de Aquino, *Summa contra Gentiles* III, 84.

pequeño año mundial a otro pequeño año mundial, completamente al principio del nuevo.

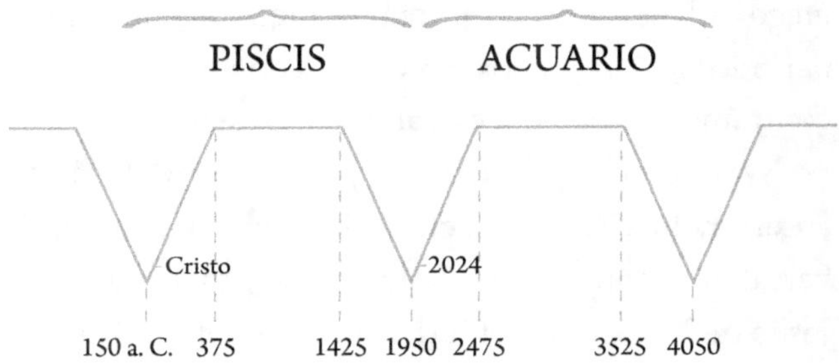

Para la fe cristiana, que nació en el año mundial anterior, supone un cambio como no lo hubo nunca antes.

- *¿Qué cambios notas en ti a nivel de visión del mundo, de comprensión del sentido de las cosas, de manera de verlas?*
- *Si eres educador o educadora, ¿qué cambios notas en los niños y adolescentes en este sentido?*

¿Hacia dónde nos lleva este cambio de un pequeño año mundial a otro? No lo podemos saber con exactitud y en detalle, pero se pueden señalar tendencias, que Rosenberg describe prolijamente en su libro *Durchbruch zur Zukunft*, basándose en la *astrosofía* de Platón y en los conocimientos científicos recientes.

Lo primero de todo, dice, es que entramos en un periodo de cambios continuos y constantes. Es decir, que no es que ahora haya grandes cambios, aunque luego volverá un tiempo más tranquilo, sino que el periodo de 2.100 años, en cuyos comienzos nos encontramos, es una era de cambios constantes.

Rosenberg veía que el «tipo base» del periodo anterior, Piscis, se caracterizaba por un amor universal, una compasión, de lo que son manifestación Jesús de Nazaret en el judaísmo, y en el budismo la aparición del Mahayana, en cuyo centro está el bodhisattva de la compasión. Impera lo anímico. Mientras que ahora aflora un nuevo tipo, que trasciende este nivel psíquico y tiende a abrir una dimensión que trasciende lo psíquico y lo mental, y que Rosenberg llama espiritual. Aparecen, siempre según el autor mencionado, personalidades de poder, atrevidos, de espíritu claro.

Parece apuntar en la misma dirección Karl Rahner cuando escribe: «Cabría decir que el cristiano del futuro o será un "místico", es decir, una persona que ha "experimentado" algo o no será cristiano. Porque la espiritualidad del futuro no se apoyará ya en una convicción unánime, evidente y pública, ni en un ambiente religioso generalizado, previos a la experiencia y a la decisión personales»[7].

---

[7] KARL RAHNER, *Escritos de Teología,* vol. VII, Cristiandad, Madrid 1969, 25.

Vamos a parar a un clima cada vez más técnico, funcional y artificial, por lo que la vida en la Tierra se vuelve cada vez más precaria, tanto desde el punto de vista ecológico como social. De ahí la gran necesidad de raíces interiores.

- *¿En qué lo notas?*
- *¿Cómo actúas ante esto?*

La tendencia va siendo cada vez más evidente. También el creciente poder técnico y parapsicológico, a veces en manos de personas sabias y otras veces en manos de poderes diabólicos. Rosenberg ahí recalca la gran importancia de la humildad. El papa Francisco, persona de poder, se humilla y pide constantemente la oración por él. Ahí están las tentaciones de Jesús de Nazaret en el desierto.

En otro aspecto Rosenberg prevé una tendencia, remarcable aunque minoritaria, hacia lo comunitario. A esto contribuye también una nueva forma de vida familiar, que muchas veces va siendo sustituida por una familia de elección, que surge sobre la base de afinidades espirituales y relaciones personales.

Cuando se trata de comunidades religiosas, lo que une no es tanto una regla como tal o una ley, sino personas con las que se inicia un compromiso. Estas comunidades tienden a ser oasis de profunda humanidad, en donde se manifiesta lo trascendente.

Los votos religiosos no se viven como renuncia sino como transfiguración. Es también en estas comunidades donde todavía se es capaz de oír y comprender la palabra, tanto la poética como la religiosa, el arte y el eros. En el clima general técnico y frío se les degrada a arte funcional, palabras excitantes y erótica superficial. Cuando se vive el eros de forma superficial las parejas se separan con facilidad. Pero por otro lado surgen nuevas posibilidades de amistad entre varón y mujer en un nivel más profundo de la persona.

- *¿Percibes algo de esto en las relaciones interpersonales?*

En cuanto a la filosofía, la música y las bellas artes no son de esperar obras magníficamente compuestas, al estilo de las *Sumas* de Tomás de Aquino, las *Cantatas* de Bach o cuadros como los de El Greco, Rembrandt, etc. En su lugar se levantan magníficos museos para estos monumentos de la historia.

En cuanto a la familia, las tendencias van del matrimonio institucional, que en la era pasada concertaban los padres para los hijos, hacia una elección libre basada en la afinidad, como de hecho ya ocurre desde hace tiempo.

La relación con los bienes materiales también atraviesa una mutación profunda. Aparece una tendencia que pasa de estar centrada en la propiedad privada, egocéntrica y poco comunitaria, a estar más inclinada a una mentalidad universal y solidaria. No es casualidad que a finales del siglo XIX aparecieran comunismos y socialismos, independientemente de cómo se llevaran a cabo. En el siglo XXI se empieza a decir en voz alta que la propiedad privada no es un derecho ilimitado y que antes está el bien común; se recuerda a los teólogos de los primeros siglos cristianos, los cuales ya insistían en ello basándose en el Evangelio.

- *¿Dónde se nota que emerge esto a contracorriente?*
- *¿Qué produce en ti?*
- *¿Te obliga a ir más al fondo?*

En lugar de sentir la necesidad de definir dogmáticamente la verdad, pasa a primer plano otra cosa: la vivencia de la verdad en lugar de la definición doctrinal, cuando se trata de la verdad; transformación en lugar de condena, cuando se trata de ética. La verdad interesa bajo el aspecto de cómo se concreta y cómo toma cuerpo en las relaciones humanas. No parece ninguna casualidad que el Concilio Vaticano II, inspirado por Juan XXIII, tuviera lugar en los años 1962-1965, justo cuando comienza esta era nueva.

El lugar en que se manifiesta Dios pasa a ser sobre todo el ser humano, templo del Espíritu Santo, y las relaciones personales. Se supera la oposición entre sagrado y profano. La vida cotidiana se vuelve transparente. Los edificios de las iglesias pierden importancia, se tiende a liturgias caseras, en grupos más pequeños.

Para apreciar mejor estas transformaciones revolucionarias, habría que remontarse a antes de 1500, pues a partir de esta fecha ya empezó a declinar la era pasada. Ahora nos encontramos solo en los comienzos de la era nueva. Las tendencias que señalaba Rosenberg en la primera mitad del siglo XX se han ido manifestando más claramente, aunque solo de forma inicial, a la vez que van surgiendo tendencias contrarias, de rechazo, nacidas seguramente del miedo.

El hecho de que estamos influenciados por el cosmos se nota ya en las distintas maneras de ser de los pueblos del norte o del sur de la Tierra, por influencias climatológicas y otras. Por una parte influenciados, por otra, libres para manifestar –en formas siempre diferentes– la verdadera naturaleza, el misterio íntimo, lo que somos desde siempre, una chispa de Dios (maestro Eckhart), pero que aún no se ha desarrollado plenamente. «Estamos solo en los inicios», decían H. M. Enomiya-Lassalle y J. van Ginneken.

Lo vamos haciendo en condiciones cambiantes según los «vientos» que nos soplan desde el cosmos, en circunstancias más adversas o más propicias para según qué aspectos de la vida. Como quien navega por mares más tranquilos o más revueltos, con corrientes y vientos a favor o en contra, pero sin dejarse apartar de su curso para llegar a puerto, que es: llegar a ser lo que se es desde siempre, persona de verdad.

La falta de raíces en medio de estos cambios ocasionados por los «vientos cósmicos» causa cada vez más enfermedades psíquicas y mayor desarraigo. Esto exige, según Rosenberg, capacidades curativas maternales, femeninas. La presencia de la mujer es imprescindible. Crece cada vez más una gran necesidad de ayudar al ser humano a recuperar el órgano capaz de experimentar la Realidad que se escapa de su entendimiento, la cual, aunque invisible, lo sostiene. Es un tiempo en que el cuidado de la salud va a suponer cada vez más la atención a la interioridad, tanto desde el punto de vista psicológico como trascendiéndolo.

El anciano y la anciana, a los que la sociedad arrincona, van adquiriendo importancia entre los jóvenes por la búsqueda de raíces. La convivencia con personas mayores, el contacto con las unidades de convivencia de ancianos y ancianas desde este punto de vista adquieren un nuevo sentido.

Todos estos cambios no ocurren sin dolor, sin despojamiento, sin tanteos y equivocaciones, pero quien lo parece perder todo, incluso donde estaban ancladas las raíces del sentido de la vida, lo puede volver a encontrar, si no se echa atrás, ni busca sustitutos fáciles, agarraderas ilusorias. Los textos que lo expresaban en un tiempo, que quizás dejaron de decir algo, se redescubren de otra manera, por ejemplo, los evangelios.

Escuchando adentro, en el interior y discerniendo en contacto con personas sabias.

En el cuento de *La Bella Durmiente* aquel príncipe oyó contar a un anciano que detrás de las zarzas se ocultaba un palacio en el que estaba dormida una hermosa princesa. Llevaba dormida cien años y con ella dormían también el rey y la reina y toda la corte. La mayoría de la gente ya no lo recordaba. El anciano también sabía por su abuelo que habían venido muchos príncipes para intentar atravesar las zarzas sin conseguirlo. Pero el joven dijo: «No tengo miedo; iré allí y veré a la bella Zarzarrosa». La princesa del cuento es el centro que se trata de rescatar, el alma oculta debajo de todo tipo de cosas exteriores, ilusorias.

Encuentro entre raíces diferentes. El olivo y el roble.

Un día trajeron al terreno de Zendo Betania unos olivos de un olivar que estaban roturando. En uno de ellos fue apareciendo un pequeño roble. Ha ido creciendo, y ahora crece junto con el olivo, hasta sobresalir. Representa bien la tendencia a lo hondo del roble combinada con la tendencia a la expansión a lo ancho del olivo, cuyas raíces se pueden extender lateralmente hasta entrelazarse con las de los olivos más próximos. Representan el énfasis del budismo zen en la raíz, en armonía con el acento del cristianismo en los frutos. Profundidad y anchura.

El acercamiento entre pueblos, con sus diferentes culturas y visiones del mundo, es un signo de estos tiempos. Puede enriquecer, pero también provoca inseguridad, hace tambalear las raíces propias, con el consiguiente repliegue defensivo.

- *¿Cómo vives el hecho de encontrarte con visiones del mundo diferentes?*
- *¿Pasas de una a otra sin más? ¿Te parece todo «lo mismo»?*
- *¿O intentas descubrir una raíz interior común sin borrar las diferencias?*
- *¿Qué ocurre entonces?*

El encuentro entre las religiones, si no provoca cerrazón, tiende en un primer tiempo a un sincretismo y solo a continuación, poco a poco, surge una actitud más madura de apertura a los valores del otro desde la fidelidad a la propia experiencia y valores, lo que posibilita un enriquecimiento mutuo. La actual atracción de las religiones del Lejano Oriente puede ayudar a los cristianos a reavivar las raíces contemplativas de su propia fe, como ya se va viendo en ocasiones.

El encuentro entre culturas y religiones supone un reto, el mayor de ellos seguramente sea el del cristianismo con el budismo. Según el historiador Arnold Joseph Toynbee, cuando en el futuro se hable del siglo XX, se considerará que este encuentro ha sido el acontecimiento histórico más crucial del siglo.

- *Si has estado alguna vez en contacto con corrientes procedentes del budismo Theravada (por ejemplo, vipassana de donde deriva mindfulness), Mahayana (por ejemplo, zen) o del tibetano, ¿qué te ha atraído?*

Budismo deriva de la palabra sánscrita *buda,* despierto, que encierra la raíz verbal *budh,* despertar. El budismo es una corriente cultural-religiosa muy importante de la humanidad, el cual pone el énfasis en despertar al corazón o centro de la persona. Por lo tanto, es muy significativo precisamente para nuestro tiempo. El problema es que la forma como se transmite en Occidente muchas veces es muy superficial, difundiéndose de forma trivializada.

Se está solo en los inicios de un encuentro y un diálogo serios entre budismo y cristianismo, fundamental para el futuro de la humanidad. El papa Pablo VI valoraba por esto la tarea de Enomiya-Lassalle como jesuita y maestro zen. En una entrevista que le concedió subrayó la importancia del encuentro entre budismo y cristianismo para nuestro tiempo. Varios prepósitos generales de la Compañía de Jesús que vivieron en Japón, como Pedro Arrupe y Adolfo Nicolás, así como varias congregaciones generales de los jesuitas, han insistido igualmente en la importancia de este diálogo.

En septiembre de 2017, en una entrevista personal después de la eucaristía en la Casa Santa Marta, pude entregar el libro *Zendo Betania. Donde convergen zen y fe cristiana* al papa Francisco y explicarle un poco la labor de Zendo Betania, que acogió con un gesto de aprecio.

Llama la atención que en el siglo XX se inicie el encuentro con el budismo justo cuando la conciencia humana, según los entendidos, pasa a una nueva etapa, en la cual la interioridad va a ir jugando un papel muy importante, decisivo. Esta coincidencia, ¿se debe a la Sabiduría que gobierna la Historia?

El interés por prácticas hindúes y budistas, que empieza a crecer en el siglo XX, recibe un fuerte respaldo cuando el Concilio Vaticano II, al recoger el sentir de muchas partes del mundo, del que se hicieron portavoces y discernidores los obispos, formula por primera vez de modo explícito la valoración de los tesoros de religiones no cristianas, hasta el punto de recomendar a los cristianos católicos: «Reconozcan, guarden y promuevan aquellos bienes espirituales y morales, así como los valores socio-culturales que en ellos existen»[8]. Y en el documento conciliar *Ad Gentes* 18 se lee: «Consideren atentamente el modo de aplicar a la vida religiosa cristiana las tradiciones ascéticas y contemplativas, cuyas semillas había Dios esparcido con frecuencia en las antiguas culturas antes de la proclamación del Evangelio»[9].

El ser humano, ciego y cegado de hoy en día, debería volver a aprender a percibir la verdadera realidad de sí mismo y de todo, antes de que se haga demasiado tarde, advertía el teólogo Karl Rahner, SJ[10]. El zen auténtico, que «apunta directamente al corazón»[11], sin duda, puede aportar mucho en este sentido.

El contacto con la tradición contemplativa budista zen puede contribuir a descubrir una acción que nace de la profundidad. «La contemplación nos ayuda a situar nuestro esfuerzo en la verdadera y real profundidad de la acción divina que impulsa silenciosamente la Historia», concluye Fernando Urbina en su co-

---

[8] Concilio Vaticano II, *Declaración* Nostra Aetate *sobre las relaciones de la Iglesia con las religiones no cristianas,* 2, en: *Constituciones, decretos y declaraciones,* BAC, Madrid 1965, 725.

[9] Concilio Vaticano II, *Decreto* Ad Gentes *sobre la actividad misionera de la Iglesia,* 18, en: *Ib.*

[10] Cf K. Rahner, *Schriften zur Theologie III,* Benziger Verlag, Einsiedeln 1957, 278.

[11] Versos atribuidos al Bodhidharma: Zen es una transmisión especial al margen de toda doctrina. / No se basa en palabras ni letras. / Apunta directamente al corazón humano. / Lleva a despertar y a vivir despierto.

mentario sobre los libros de Juan de la Cruz: *Subida al monte Carmelo* y *Noche Oscura*[12].

- *Es bueno expresar el deseo de esta inserción: «Señor del cielo y de la tierra, guía y bendice, conduce y orienta nuestros pensamientos, palabras y acciones... para llegar a ser dichosos y libres ahora y siempre».*

Luz en la oscuridad

En medio del ambiente superficial que marca el clima de la sociedad en que vivimos, en muchas personas surge un gran anhelo de vivir de otra manera, desde dentro, de ir descubriendo el misterio que nos sostiene y late en todo. Es una sociedad huérfana que busca al Padre/Madre, muchas veces sin saberlo. Escucha con agradecimiento la palabra iluminadora de las Escrituras, cuando estas se presentan como una orientación de la existencia humana y un camino para llegar a ser verdaderamente personas.

Significa poco o nada lo impuesto desde fuera, por bueno que sea. Teorías, leyes, rigidez dogmática, una ética presentada como una ley externa, en-

---

[12] FERNANDO URBINA, *Comentario a* Noche oscura del espíritu y Subida al monte Carmelo, *de san Juan de la Cruz,* Ed. Marova, Madrid 1982, 131 (PPC, Madrid 2013, 192).

cuentran rechazo o al menos incomprensión. Esto va unido a que se busca y anhela más lo que lleva a una experiencia viva, a lo que alimenta el alma, que a una comprensión intelectual aunque sea de la teología más moderna, de la exégesis más al día; aunque todo esto se valora, cuando entronca con el interior de la persona.

Lo que une a una comunidad de personas no es en primer lugar una regla sino un impulso interior a insertarse juntos «en la verdadera y real profundidad de la acción divina que impulsa silenciosamente la Historia», para decirlo otra vez con palabras de Fernando Urbina. La regla puede encauzar y recordar el impulso.

Es posible que otras generaciones hayan hecho el recorrido desde fuera a dentro, desde la escucha del mensaje a la verificación viva interna. Pero parece que hoy día el camino es de dentro a fuera. Lo exterior que no empalma con un anhelo interior no dice nada. Se vive como la armadura de Saúl, con la que David no podía andar. No dijo: «Es mala», porque efectivamente era del rey y sería la mejor del país, pero él, después de dar unos pasos, se dio cuenta de que no podía andar con ella. Se quitó la armadura y se fue a buscar una piedrecita ridícula para su honda, con la que venció a Goliat, el gigante invencible aparentemente, mucho más fuerte que él. David se despojó de aquello con lo que no podía andar sin despreciarlo y puso su confianza en otra fuerza «para que todo el pueblo vea que no con espada ni lanza salva el Señor» (1Sam 17,47)[13].

En medio de esta situación de la evolución humana irrumpe el Coronavirus como un huracán que no sabe de fronteras ni espera a que alguien lo elija, ni distingue si alguien interiormente está preparado o no para quitarse la armadura. Se lleva todo por delante, dejando a su paso mucho dolor y sufrimiento, incertidumbre y miedo ante el futuro a nivel personal y social.

El embiste del Coronavirus tiene lugar cuando estamos en el comienzo de esta nueva era de la historia humana. Arrasa lo caduco, obliga a recogerse, hasta físicamente por el confinamiento. Obliga a ir a lo esencial. Allí en una soledad, ciertamente no buscada sino impuesta, se puede descubrir con sorpresa que el distanciamiento exterior está creando cercanía y comunidad. Se descubre desde dentro algo fundamental, pero como olvidado: la interdependencia e interrelación entre los seres humanos y con toda vida en este planeta.

Ciertamente, no todos pueden descubrirlo y, por el contrario, muchos se derrumban en medio del sufrimiento, de la desesperación ante un callejón sin salida, del sinsentido. A quienes llegan a esta situación excepcional en que vivimos, practicando

[13] *Biblia, Primer libro de Samuel,* DDB, Bilbao.

un camino interior, les es más fácil comprender por propia experiencia las palabras de la poetisa Marie von Ebner-Eschenbach: «El dolor es el gran maestro de los seres humanos, bajo sus alas se desarrollan las almas». Una fe ahondada por la práctica del zen, que es un camino de despojamiento interior de todo lo que no es esencial, puede haber sido preparación para este momento.

Esta práctica necesita acompañamiento y orientación. Pero el Coronavirus ha sobrevenido de repente y ha sorprendido a muchas personas carentes de raíces hondas. Otras que practican zen han comentado cuánto les ha ayudado en este tiempo, vivido además en comunión invisible, pero claramente experimentado, con otras muchas personas que se sentaban en zazen al mismo tiempo.

Pero no cualquier manera de practicar zen lleva a esto y a sacar las consecuencias en una solidaridad visible y tangible, volcada en los centros sanitarios, de enseñanza, sociales, etc. Hace falta discernimiento y acompañamiento al estilo de una comadrona más que como un juez, intentando comprender y apreciar lo que está naciendo, orientándolo, por mucho que venga necesitado de purificación. El zen mal orientado, no maduro, lleva a modos de actuar egoístas, consecuencia de una espiritualidad malsana, errónea y destructiva, que desprecia toda manifestación concreta de la trascendencia.

Un zen desvirtuado de esta manera ni es zen auténtico ni puede estar en armonía con la fe cristiana, la deshace. Hace falta cuidar un zen auténtico y una fe cristiana auténtica, para que haya encuentro fructífero. De lo contrario acarrea necesariamente un choque, haciendo imposible un verdadero encuentro. Y sin embargo, el diálogo interreligioso es una de las características de la nueva era.

Nos encontramos en una aceleración, en la que las formas cambian rápida y continuamente. No se trata tanto de transmitir formas, sino un impulso espiritual, a saber, estar en medio del mundo con experiencia mística. «La nota primera y más importante que ha de caracterizar a la espiritualidad del futuro es la relación personal e inmediata con Dios». Esta afirmación puede parecer una perogrullada, sin embargo actualmente está muy lejos de ser algo que cae por su propio peso... Como hemos dicho, el cristiano del futuro o será un «místico», es decir, una persona que ha «experimentado» algo o no será cristiano.

El agnóstico André Malraux dijo en una conversación con un amigo: «El siglo XXI será místico o no será». Ojalá la Covid-19 contribuya a esto. Ciertamente pasando por mucho dolor y sufrimiento. Hará falta mucha ayuda a tantas personas a quienes ha cogido desprevenidas y sin defensas, ni económicas, ni físicas, ni espirituales.

Pero algo renace en medio de grandes desastres. Como dice el poeta Hölderlin: «Cuando la angustia llega a su culmen, la salvación está cerca». Lo que aflora necesita orientación, pero el empuje ahí está. Isaías profetizó en el s. VIII a.C. durante la crisis causada por la expansión del imperio asirio: «Voy a hacer algo nuevo, ya está brotando, ¿no lo notáis?» (Is 43,18-19)[14]. Su nombre significa: «Yahvé salva».

- *¿Notas algo de lo nuevo? ¿Dónde?*
- *¿En qué momentos descubres estar a salvo de esa tormenta cósmica?*
- *¿Dónde encuentras apoyo y sostén, no solo alivio pasajero?*

[14] *Biblia, Isaías,* DDB, Bilbao.

III. ARRAIGO EN EL CIELO VACÍO

El psicoterapeuta C. G. Jung[1] critica una disposición occidental exageradamente extravertida y que descuida de manera preocupante el aspecto interior del ser humano. Así escribe: «Mientras la religión no sea sino creencia y forma exterior y la función religiosa no se convierta en experiencia de la propia alma, no ha tenido lugar todavía lo fundamental. Falta aún por comprender que el *mysterium magnum* no solo existe en sí, sino que a la vez y de manera muy principal está fundamentado en el alma humana [...]. En una ceguera verdaderamente trágica, hay teólogos que no se dan cuenta de que no es cuestión de demostrar la existencia de la Luz, sino de que hay ciegos que no saben que sus ojos podrían ver algo. Habría que darse cuenta de que

---

[1] CARLOS GUSTAVO JUNG, *Psychologische Typen,* N. V. Servire, La Haya 1947; *Über die Psychologie des Unbewussten,* Rascher Verlag, Zúrich 1943.

no sirve para nada alabar y predicar la Luz si nadie la puede ver. Sería necesario desarrollar en el hombre el arte de ver»[2].

Se impone, de una manera especialmente urgente, el cultivo de la dimensión interior profunda, un nivel antropológico constitutivo del hombre.

- *¿Has notado alguna vez algo íntimo, difícil o imposible de explicar, acompañado de paz y alegría interior?*

El centro, vacío de plenitud

> «Tienen mis deseos por término estas montañas
> y si de aquí salen, es a contemplar
> la hermosura del cielo, pasos con que camina
> el alma a su morada primera».
> (*Don Quijote de la Mancha* I, cap. XIV)

En japonés vacío y cielo se escriben con el mismo ideograma 空 KU. Es el mismo cielo vacío, algo que «no cae en sentido» (expresión usada por Juan de la Cruz y el zen), que a una niña le hizo sentir en casa en cualquier parte, aunque fuera en una

[2] Id, *Psychologie und Alchemie,* Walter-Verlag, Olten y Friburgo de Brisgovia 1972, 26-27 (trad. esp., *Psicología y Alquimia,* Plaza y Janés, Barcelona 1977).

estación de trenes llena de gente. Es este vacío que evoca el bambú del que no se ve el principio ni el final; es el eco del vacío que se oye antes y después de dar el mazo en la campana. Un vacío de plenitud, como ninguna cosa lo puede proporcionar.

Es lo que se percibe en la estancia vacía de una casa tradicional japonesa y en la sala zen. Lo evoca asimismo el jardín zen, el centro vacío en medio de los edificios de la sala zen y del comedor de Zendo Betania en Brihuega.

Quien contempla con el ojo interior el jardín zen, percibe la esencia de la realidad: una superficie rastrillada de una manera regular, sin forma determinada, que podría extenderse sin límites como el mar. De lo ilimitado, sin forma ni color, surgen cual islas algunas rocas, un grupo armónico de tres piedras de diferentes tamaños. Al dejarse impregnar por el conjunto, paz y silencio invaden al que lo contempla.

Es un vacío incomprensible del que un maestro zen dice: «Allí donde no hay nada, hay algo que se mueve. No sabemos lo que es. Solo podemos decir que hay algo que se mueve, que no puede encontrarse en el mundo de la percepción cotidiana [...]. Del mundo de total oscuridad surge actividad. Eso somos nosotros»[3].

Juan de la Cruz dice desde su experiencia como cristiano: «Entréme donde no supe y quedéme no

[3] Yamada Kôun Roshi, *Comentario a Hekiganroku 86*. Manuscrito digitalizado.

sabiendo toda ciencia trascendiendo [...]. Y si lo queréis oír, consiste esta suma ciencia en un subido sentir de la divinal esencia»[4].

¿Qué interiorización?

Actualmente se habla mucho de interiorización, lo que en principio resulta un motivo de satisfacción, pues se trata de algo que era necesario y sigue siéndolo cada vez más; hace años no estaba tan presente en las publicaciones ni en los programas de educación. Lo propicia la emergencia de la nueva conciencia, a la vez que responde a una cada vez más urgente necesidad de que el ser humano se centre y vuelva de su exagerada extraversión.

- *¿Te has quedado mirando alguna vez un cielo despejado sin pensar en nada concreto? ¿O ad-mirando la inmensidad del mar?*

Se habla mucho de interiorización. Pero, ¿de qué interiorización se trata? ¿Realmente el propósito de las diferentes ofertas es que la persona llegue a despertar, a salir del olvido de su raíz íntima y vuelva a su «morada primera»? ¿O lo que se le ofrece son

---

[4] Juan de la Cruz, *Coplas*.

formas de hacer más llevaderas las dolorosas consecuencias de vivir como en tierra ajena, fuera de sí, desarraigada?

Hace años, en Holanda, en un club de jóvenes alejados en general de cualquier confesión religiosa, entrevisté a trece chicas de entre 16 y 19 años[5]. En algunas constaté una interioridad viva (el «alma» vive), en otras una interioridad que se asomaba (el «alma» asoma), y en otras, finalmente, que la interioridad estaba olvidada (el «alma» en olvido).

Me pareció que la interiorización y personalización era la gran tarea que demandaba la situación. Interiorización para hacer vibrar poco a poco dimensiones más profundas del alma humana, y que permite progresar en el discernimiento de las dimensiones más escondidas del mundo: vivir el contacto con otras personas, con valores culturales, consigo mismo, más intensamente, más globalmente, desde el fondo del alma.

- *¿Cuidas las relaciones personales para que no se queden en la superficie?*
- *¿Dedicas tiempo al ocio, a ratos de silencio, a la creatividad?*
- *¿Te detienes en la contemplación de obras de arte, literatura...?*

---

[5] Cf Ana María Schlüter, *¿Por qué unos ven y otros miran y no ven?*, San Pablo, Madrid 2019.

Viktor Frankl[6] considera que son tres las columnas que sostienen la experiencia de la Interioridad, con mayúscula, y a la vez la manifiestan: la conciencia, el amor y el arte.

Estamos ante una tarea urgente. Hui-neng, el Sexto Patriarca zen de China, que vivió a caballo entre los siglos VII y VIII, dice del ser humano:

> El cuerpo físico es la ciudad; nuestros ojos, nuestras orejas, nuestra nariz y nuestra lengua son sus puertas. Hay cinco puertas exteriores: ojos, oídos, nariz, lengua y cuerpo; mientras que la puerta interior es la facultad de formar ideas. El corazón (SHIN) 心 es el suelo y la naturaleza esencial (SHO) 性 es el rey que habita el suelo del corazón. Cuando está la naturaleza (SHO), hay rey, y nuestro cuerpo y nuestro espíritu florecen; cuando la naturaleza (SHO) no está, no hay rey, y cuerpo y espíritu se deterioran[7].

Llama la atención que también aquí se distingue entre corazón/alma[8] y rey. Este rey es análogo al rey del que habla Teresa de Jesús en *Las Moradas,* del que dice que vive en un castillo todo de un diamante o muy

---

[6] VIKTOR FRANKL, *La presencia ignorada de Dios,* Herder, Barcelona 2011².

[7] ANA MARÍA SCHLÜTER, *Atrévete con el dragón vivo,* Ed. Zendo Betania, Brihuega 2009, 38.

[8] *Shin* se suele traducir al inglés por *spirit, heart, mind.*

claro cristal, imagen que usa para referirse al alma humana porque no se puede entender conceptualmente por estar hecha a imagen de Dios. Es decir, que hay un «rey» más íntimo que lo interior, que es el corazón.

Cuando no está el rey, o mejor dicho cuando está olvidado, porque siempre está –es el *es* de cuanto existe–, todo se desequilibra. Este deterioro se percibe en la actualidad en un doloroso malestar general que afecta a la persona y a la sociedad cuando vive alejada de su centro y raíces. Se buscan remedios de todo tipo, que muchas veces se quedan en la superficie por atender solo a los síntomas de tensión, de angustia, etc. En ocasiones se puede llegar, incluso, a reducir los antiguos caminos de recogimiento y de despertar de la humanidad a la dimensión de lo meramente utilitario, que entonces resultan, ciertamente, más accesibles, pero no llegan al fondo, a la raíz del árbol. Se quedan en el nivel psicológico, aportando por ejemplo «claves para vivir en serenidad». Lo cual no carece de valor con tal de que deje el horizonte abierto.

Mathias Smalbrugge, profesor de «Cultura Europea y Cristianismo» en la Universidad Libre de Ámsterdam (Vrije Universiteit Amsterdam) publicó el 20 de julio de 2018 un artículo en *Trouw,* uno de los principales periódicos neerlandeses, en el que decía: «El papel de la religión es más dinámico y complejo de lo que dejan ver las viejas gafas de la secularización. En los Países Bajos estamos mirando la religión con una mirada propia del siglo XIX. En aquel momento empezó a dominar la idea liberal de que la religión es un asunto privado, lo cual lleva a cortar con el papel que la religión ha tenido siempre y en todas partes: un papel público y totalmente espiritual. Parece que ese corte se da en los Países Bajos de un modo extraordinario.

Una convivencia que procura esconder la religión detrás de la puerta, se perjudica a sí misma enormemente y propicia fundamentalismos, radicalismos, sectarismos. Cuando a las religiones se les prohíbe (o no consiguen)[9] ofrecer un relato sociocultural (significativo) dejan tras sí una sociedad des-alma-da».

- *¿Te suena? ¿Notas algo de esto?*
- *Si es así, ¿dónde buscas el remedio?*
- *¿O simplemente te sales por la tangente y lo tapas distrayéndote?*

Hace cincuenta años la conciencia mental y la supremacía de la capacidad racional, como acceso determinante a la verdad, eran mucho más acentuadas que en la actualidad. Entonces solo los más lúcidos verbalizaban la necesidad de desarrollar otra instancia inherente al ser humano, más profunda, su «ojo interior». No se hablaba de la interiorización como

[9] Lo puesto entre paréntesis es añadido de la autora.

de tantas maneras se hace ahora, debido seguramente a una necesidad surgida por una extensión del consumismo que ha agravado la situación.

Pero ¿a qué interiorización se invita en este momento, ignorando que se está dando un cambio importante en el nivel de la conciencia humana, pasando de ser una conciencia mental a ser una conciencia integral o «mística»?

Es necesario discernir lo que realmente puede ayudar a despertar, y distinguirlo de aquello que solo ayuda a sobrellevar mejor la situación de olvido del alma, ignorando sus raíces y descuidando la curación de la raíz, donde está el mal.

En el libro *Cuidar el corazón en un mundo descorazonado*[10] se dice en el comentario: «No estamos ante una guía de jardinería de experiencias místicas, autoestimas y fortalecimientos del yo, sino ante una llamada a despertar el corazón. Tampoco se trata de una escalada a una lejana y difícil cima reservada a unos cuantos elegidos, sino, simplemente, de visitar el propio corazón. Es difícil imaginar que la crisis planetaria pueda solucionarse sin una transformación interior de cada hombre».

- *¿Has intentado hablar de esto con alguien que lo tomara en serio, alguien de raíces y a la vez abierto?*

[10] José Mª Fernández-Martos, *Cuidar el corazón en un mundo descorazonado,* Sal Terrae, Santander 2012.

- *¿Lo has visto reflejado en algún texto?*

En los cuentos populares[11] se pueden encontrar pistas y reflejos de la interioridad que va a lo más hondo del ser humano, en forma de símbolos arquetípicos. Leerlos, escucharlos, dibujarlos o escenificarlos es apelar, evocar, despertar, tocar en uno mismo, la misma dimensión de la que han nacido. Estos arquetipos a los que se refiere C. G. Jung aparecen en los cuentos, bien narrados, son como la mano vacía dispuesta a acoger el mensaje; son como el ojo limpio para ver, el corazón puro para entender, el oído abierto para oír. Cuando están enterrados y embotados, sin cultivar, el mensaje resbala, no encuentra una mano acogedora, ni un oído que sepa escuchar; el ojo está ciego para ver, el corazón endurecido para entender. Este es uno de los más graves problemas de nuestra cultura occidental actualmente. Dicho en palabras de Karl Rahner, el hombre está perdiendo su «capacidad de Dios» *(Gottesfähigkeit)*.

En medio de un mundo cada vez más obstinado en no creer más que en lo que puede ser visto, medido, tocado o demostrado racionalmente, las dimensiones más profundas de la vida parecen diluirse o quedar

[11] Cf Ana María Schlüter, *El camino del despertar en los cuentos*, Ed. Zendo Betania, Brihuega 2011[2]; *Luz del alma, el tesoro escondido en los cuentos*, PPC, Madrid 2004; *Camino de liberación en los cuentos*, DDB, Bilbao 2010.

reducidas a su expresión teórica. Como reacción ante esto, no es extraño que estallara en el siglo XX una «rebelión del alma» (Karlfried Graf Dürckheim), pues la represión continuada y sistemática de la dimensión más profunda del ser humano es, a la larga, aún más perniciosa que cualquier otro tipo de represión: para el ser humano la vida pierde su sentido y, como así no puede vivir, acaba rebelándose.

¿Quedarse en la superficie o abrirse a las raíces profundas?

Muchos de los que se acercan actualmente a algún camino espiritual de Oriente que intrínsecamente lleva a lo hondo, sin embargo no llegan a tocar el verdadero núcleo; domina una mentalidad colonizadora (A. M. Arokiasamy, jesuita y maestro zen); se coge lo que se quiere y como se quiere, sin respetar ni tener en cuenta su origen y su verdadero propósito. Esta forma de hacer ignora la verdadera y recia profundidad de los caminos en cuestión, así como la responsabilidad social que conllevan.

Cuando los caminos del despertar del budismo se usan como una «disciplina mental con el propósito de evitar el estrés, mejorar el desempeño cognitivo e incluso tratar algunos trastornos mentales como la depresión, la ansiedad y el déficit de atención» –así es como actualmente definen algunos el *mindfulness*–, se está todavía lejos de ayudar al hombre a volver a descubrir su naturaleza propia, su verdadera patria o «morada primera». Miguel de Cervantes le hace decir a la pastora Marcela: «Yo nací libre y para poder vivir libre escogí la soledad de los campos. [...] Tienen mis deseos por término estas montañas, y si de aquí salen, es a contemplar la hermosura del cielo, pasos con que camina el alma a su morada primera»[12].

El zen también se reduce cuando se le «utiliza», y entonces ¡qué lejos se está de cultivar las raíces, de encontrar el camino de vuelta a casa! En palabras de Keizan Zenji, maestro zen japonés del siglo XIV: «Zazen le permite al hombre despertar a su fuerza espiritual y morar en el ámbito del origen. Se le llama a esto manifestar el rostro original o, también, dejar que brille la luz original. [...] Zazen verdaderamente es estar sentado en paz, después de haber vuelto a la casa paterna»[13]. Pero el zen acogido de manera superficial puede llegar, incluso, a obstaculizar el camino de vuelta a casa.

Esto es lo que, en ocasiones, llega a ocurrir actualmente con la práctica del *mindfulness*. Pues «más que *mindfulness* como un medio para despertar a los in-

---

[12] Miguel de Cervantes, *Don Quijote de la Mancha I,* Taurus, Madrid 1997, 93-94.

[13] Ana María Schlüter, *Atrévete con el dragón vivo,* Ed. Zendo Betania, Brihuega 2009, 135 y 136.

dividuos y a las organizaciones de los "tres venenos" identificados por Buda –las perniciosas raíces de la codicia, la malevolencia y la falsa ilusión–, a veces se remodela como una técnica que puede, indirectamente, reforzar estas raíces»[14].

David Loy, filósofo y maestro zen, considera que «la orientación individualista y consumista de la práctica [...] promueve una aceptación tácita del *status quo*». A la vez que alivia sufrimientos superficiales, síntomas, esconde y a veces refuerza sus raíces más profundas. Opina que «el budismo occidental se está convirtiendo en "la ideología dominante del capitalismo global", porque su "actitud meditativa" constituye el modo más eficiente de participar en la dinámica capitalista al mismo tiempo que conserva la apariencia de salud mental»[15].

Pero «*mindfulness,* tal como se entiende en la tradición budista, no es solo una práctica éticamente neutral para reducir el estrés y mejorar la atención. Es, más bien, una cualidad distinta de atención [...]. Forma parte de la meta última, que implica terminar con la ilusión de un yo separado y aprender a vivir de un modo coherente con tal realización. La cuestión crucial es si la calidad de la propia conciencia se caracteriza por intenciones benéficas y cualidades

---

[14] David Loy, *Un nuevo sendero budista,* Kairós, Barcelona 2016, 60-61.

[15] *Ib,* 65.

mentales positivas que conducen al florecimiento humano y a una preocupación por el bienestar de otros como por el propio»[16].

- *¿Te has acercado a alguno de estos «caminos» orientales (por ejemplo yoga, ipassana, zen, budismo tibetano, etc.)?*
- *¿Qué encuentras allí?*
- *¿Echas algo en falta?*
- *¿Has averiguado si la persona que guía está capacitada para ello?*

Es difícil discernir qué centros son recomendables en el sentido de que ayudan a llegar a ser personas cabales desde el interior, corazón o alma. Hace años el Ministerio de Sanidad neerlandés, a la vista de la atracción y difusión de los caminos orientales, hizo una lista de los centros que avalaba. Los criterios eran que los llevaran personas preparadas y que no ofrecieran precios abusivos. *The Middle Way, Journal of the Buddhist Society,* una revista londinense, hace unos años recomendaba en un editorial fijarse en cómo vive la persona que se ofrece como guía.

Es de desear que los caminos de interiorización, vengan de donde vengan, se transmitan de tal manera que abran a la persona el acceso a lo que realmente

[16] *Ib.*

es, y no se lo velen, que no anestesien su anhelo con parches superficiales. Pues «en cada cual está aquel que debe ser; si no lo es, feliz no puede ser»[17]. Una práctica correcta del zen lleva a manifestar lo que en esencia ya está, ya se es, aunque de forma oculta. Lleva a ser radical.

Si es correcta, no desarraiga de la propia cultura sino que ayuda a descubrirla mejor y más de raíz en la nueva situación que estamos viviendo. Esto ocurre por el camino de volverse a otra cultura sin utilizarla, como dos personas amigas que se enriquecen sin dejar de ser ellas mismas sino más bien todo lo contrario.

Se cuenta que una vez hubo un judío en Cracovia que era muy pobre. Una noche soñó que debajo del puente de Praga en Checoslovaquia estaba enterrado un gran tesoro. Inmediatamente se puso en camino para desenterrarlo. Estuvo días y días cavando sin lograr encontrarlo. En esto que se le acerca un policía y le pregunta qué está haciendo allí. El hombre le contó su sueño por el que estaba allí. El policía se quedó muy sorprendido y le contó a su vez que él había soñado con un judío pobre de Cracovia que tenía escondido en el lar de su casa un gran tesoro. Cuando el hombre hubo vuelto a casa, efectivamente, allí lo encontró.

---

[17] ANGELUS SILESIUS, *El peregrino querúbico,* Ediciones Siruela, Madrid 2005.

Raíz interior fortalecida por recta acción y silencio

El salmo 23 de Israel pregunta: «¿Quién puede entrar en el recinto sacro?», y responde a continuación: «El hombre de manos inocentes y puro corazón». Ninguna práctica meditativa, sea cual sea el contexto en el que se realice, puede eximir nunca de ser justos con los demás, de tener las manos limpias; al contrario, lo presupone. En el hinduismo, el raja-yoga empieza con *yama* y *niyama* como requerimientos éticos para entrar en el camino; el budismo zen parte de los preceptos de *sila*. La determinación de vivir con integridad es una condición necesaria para emprender en serio cualquier camino de interiorización. El maestro Eckhart lo afirma claramente en su sermón de Navidad[18]; lo mismo hace el autor anónimo de *La Nube del No-Saber* en su prólogo[19].

- *¿Te has dado cuenta de que el modo de vivir y actuar influye en tu «ojo interior»?*
- *¿Qué cosas lo despejan y cuáles lo nublan?*

Hay en nosotros una especie de brújula interior que orienta, aunque cabe la posibilidad de que la di-

---

[18] Cf *Dum medium silentium.*

[19] Anónimo, *La Nube del No-Saber,* San Pablo, Madrid 1988[5], 61-62.

rección percibida se desdibuje por el camino hasta llegar a nuestra consciencia, debido a las ganas de que algo sea de una determinada manera, o por la rabia o por cualquier otro sentimiento o prejuicio. Por esto es sensato contrastar lo que creo entender con la sabiduría de la humanidad transmitida a lo largo de siglos, y hablando con una persona sabia de confianza. Ahí están cual faros los consejos y preceptos que coinciden básicamente en todas las culturas.

Cuando un budista emprende un camino de interiorización, de despertar en el ámbito del budismo zen, recibe *(ju)* los preceptos *(kai)*. Este «recibir» implica agradecimiento. Ante un regalo se suele decir «lo recibo». El maestro zen Kôun Roshi dispensaba de esto a sus discípulos cristianos porque consideraba que ya los habían recibido en su propia tradición. En esta los salmos rebosan de agradecimiento ante estos faros que ayudan en el camino: «Lámpara es tu palabra para mis pasos, luz en mi sendero» (Sal 118, 105-106).

El salmo 23 habla de «puro corazón», lo cual significa libertad interior. Se refiere a un corazón libre de ataduras interiores que lo llevan a pensar y actuar de una manera perjudicial para la persona y su entorno. Como decía la santa de Ávila, el que hace mal se daña a sí mismo. ¿Cómo se entiende esto?

Nuestro verdadero centro es vida, de allí no puede surgir matar sino cuidar la vida. Si se mata, uno se aleja del centro. Nuestro centro es verdad, actuando desde allí no puede salir mentira; si miento, me alejo del centro. Nuestro centro es generoso, actuando desde allí no puede salir ni robo ni tacañería. Nuestro centro es libertad, actuando desde allí no sale atar a nadie ni dejarse atar[20].

Si voy en sentido contrario del centro, me alejo de la verdadera interioridad y de mi verdadera identidad. En cambio, en la medida en que actúo fomentando la vida, la semilla de la vida crece, vivo; en la medida en que hablo y actúo con veracidad, la semilla de la verdad crece, me vuelvo veraz. En la medida en que no ato ni me dejo esclavizar, la semilla de la libertad crece, me vuelvo libre de raíz; en la medida en que actúo con generosidad, la semilla de la generosidad crece, me vuelvo generoso o generosa. En la medida en que no me drogo y mantengo la mente despejada, veo mejor. Eso forma parte importante de un camino de interiorización.

Que salga a la luz el «rey» de que hablan el Sexto Patriarca zen y Teresa de Jesús, en beneficio de uno mismo y de los demás, es la finalidad de la interiorización entendida en sentido profundo. Ese rey que es «más interior que lo más íntimo mío», como decía Agustín de Hipona. Se trata por lo tanto de una interioridad que no es cerrada, egocéntrica, que no termi-

---

[20] Cf Ana María Schlüter, *Guía del caminante,* Ed. Zendo Betania, Brihuega 2011[2].

na en uno o una misma. De lo contrario se cae en un individualismo exacerbado, en una «subjetividad sin interioridad»[21].

Lo que al maestro zen japonés del siglo XIII, Dogen Zenji, uno de los pocos maestros zen que se consideran santos, le lleva a decir: «No pensando me asiento en Impensable, e Impensable me sostiene»[22], al creyente judeocristiano le puede llevar a orar: «Recoge mi corazón en mí hacia Ti».

Esto en lo que estamos arraigados siempre, lo sepamos o no, puede estar tapado o al descubierto, ahogado o funcionando. Estas raíces son una realidad que no se puede explicar. El gran psicólogo Erich Fromm decía que la psicología habla de lo que el hombre no es. Lo más hondo no tiene nombre, ni color, ni forma, no se puede conceptualizar. A la vez toma forma de miles de maneras, y lo uno no se puede separar de lo otro; es uno, como el dorso y la palma de la mano son una sola mano que no se puede partir en dos a menos de inutilizarla.

De estas raíces surge como un tronco: el no hacer daño, hacer bien y beneficiar al entorno. Esto se manifiesta en la relación con la vida, con los bienes, en el modo de hablar, etc. El hablar que nace de la raíz, surge del centro, tiene estas características: no

---

[21] Giuseppe de Rita, citado en: Gianni La Bella, *Los jesuitas. Del Vaticano II al papa Francisco,* Mensajero, Bilbao 2019, 228.

[22] El lenguaje del budismo zen es apersonal.

hace daño, hace bien y beneficia a los demás, es veraz. Mentir, fingir, etc., es estar desconectado del centro, de las raíces, y si se repite mucho, acaba destruyendo la raíz. En lugar de asentarse y arraigarse lleva a lo contrario.

Algo parecido pasa en la relación con las cosas. Ser capaz de ver las cosas sin dejarse atrapar por ellas es vivir de la raíz, es fortalecerla. En relación con el sexo significa libertad, ni dominar a otra persona ni dejarse dominar por otra persona. Así crece la libertad interior. En todos los ámbitos de la vida lo suyo es actuar en consonancia con la propia naturaleza íntima, que es un tesoro de vida, generosidad, libertad, verdad, claridad y vigilancia, seguridad íntima, capacidad de ver al otro en su centro, interrelación con todo[23].

- *Hay una brújula en el interior de cada persona que indica la buena consonancia. Tomar la buena dirección, aunque a veces cueste, a la postre va acompañado de paz.*
- *¿Te has dado cuenta de esto alguna vez?*

Para descubrir las propias raíces y anclarse en ellas hace falta además entrar en el silencio. Los rarámuris de la Tarahumara en la Sierra Madre del noroeste de México, según me contaron, tienen la costumbre de

---

[23] Cf Ana María Schlüter, *Guía del caminante,* Ed. Zendo Betania, Brihuega 2011[2].

irse de vez en cuando a un promontorio a «divisar» durante horas. No miran nada en concreto. Me contó algo muy parecido un joven de la Alcarria que se iba los domingos por la mañana solo a un alto a mirar. Lo hacían los campesinos al atardecer cuando oscurecía y no había más luz que la lumbre en la casa, sentados en un banco fuera de la misma. ¿Cuántas veces, antiguamente, cuando no había transistores ni móviles, lo habrán hecho los pastores de ovejas, mientras dejaban descansar a sus rebaños? Hay personas que se acuerdan que siendo niños se escondían en un lugar tranquilo de la casa o del campo; se quedaban mirando el mar, o el cielo... Allí había un no sé qué que los atraía y que de mayores añoran.

- *Es bueno imitar a los mirlos: corren un trecho, luego se paran como si escucharan, vuelven a correr otro trecho, se paran de nuevo y así sucesivamente.*
- *Ueda Shizuteru, filósofo japonés, practicante de zen, recomendaba aprovechar breves momentos durante el día para escuchar la respiración, aunque solo sea al levantarse de la silla para ir al armario, pues es como conectar de vez en cuando con el cielo azul entre medias de muchas nubes.*

Hermann Hesse narra en su cuento *Iris* el camino de vuelta de un hombre que de niño vivió con su madre en una casa con jardín donde le maravillaba sobre todo cómo las abejas entraban y desaparecían en el cáliz de la flor *iris germanica*. Pero años después, mientras se convertía en un famoso profesor universitario, se empezó a sentir cada vez más separado de todo y angustiosamente solo. La hermana de su amigo, que se llama Iris, le evoca algo que le atrae y en ello ve la única esperanza para salir de su estado lamentable. Sin embargo, para poder casarse, Iris pone como condición que su melodía y la de ella lleguen a sintonizar. Así pues, se pone en un camino de transformación, que durará años hasta que encuentre lo que en el fondo buscaba.

Se trata de algo profundamente humano, una dimensión constitutiva del ser humano, no es un añadido piadoso. Es su raíz. De esto son muy conscientes y en ello se basan grandes tradiciones de la humanidad. Las tradiciones china y japonesa de «sentarse *(za)* a solas con el misterio *(zen)*», lo han elaborado y enseñado de generación en generación desde el siglo VI en China, con raíces en la India, pasando de China a Japón; se cuida la postura, la respiración y la actitud interior.

De Japón, en menor medida desde Corea o directamente de China continental, el zen ha pasado en el siglo XX a Occidente, primero de una forma más teórica, a partir del primer parlamento de las religiones del mundo celebrado el año 1893 en Chicago, y en la segunda mitad del siglo XX como práctica.

Se cuenta el diálogo que tuvo lugar entre un maestro zen y un monje del siglo IX en China. Estando el maestro zen Yakusan sentado en zazen se le acercó un monje y le preguntó: «¿Qué piensas mientras estás sentado tanto tiempo inmóvil?». El maestro contestó: «Me asiento en Impensable *(fu shiryo tei)*». El monje insistió: «¿Cómo lo haces?». El maestro contestó: «No pensando *(hi shiryo)*». Dogen, maestro zen japonés, añadía en el siglo XIII: «E Impensable me sostiene».

Es un arte. Un pianista tiene que conocer bien las teclas del piano y haber aprendido a tocarlo, pero esto por sí solo no le convierte en pianista, la técnica no basta. No empezará a ser realmente pianista hasta que ya no tenga que pensar ni en las teclas ni en sus dedos y pies y solo haya música.

Es un arte permanecer inmóvil, asentándose en lo impensable, más allá del pensar discursivo. No se trata de un mero método o de una técnica, sino de un arte. Necesita orientación para ir al fondo y no torcerse por el camino. La guía en este camino por un maestro o maestra zen se considera esencial.

La inmovilidad en silencio también la han enseñado los hesicastas y el Carmelo. Recuerdo a una carmelita que al enseñarle la forma de sentarse en zazen y quedarse inmóvil largo rato, comentó que un carmelita también le había insistido en la importancia de la inmovilidad.

En el *chan* o zen se habla de *tsuochan* (en jap.: zazen), de asentarse a solas con el misterio. En el taoísmo se habla de *tsuo-wang* (en jap.: za-bo), asentarse en el olvido de todo[24]. Todo (la forma de sentarse, la importancia de la respiración, el recogimiento de los sentidos, la concentración del abismamiento) es muy parecido en el taoísmo y en el zen. Sin embargo, mientras que el *tsuo-wang* taoísta tiende al quietismo, el *tsuo-chan* o *za-zen* es más dinámico.

- *¿Has estado alguna vez en contacto con una tradición proveniente de Oriente? ¿Qué te atrae de ella?*

Sin necesidad de ir hasta Oriente, ese sentarse a solas inmóvil, más allá del pensar discursivo, también se conoce en otros contextos culturales, como el precolombino de los rarámuris en México y el cristiano[25]. Por ejemplo, Francisco de Osuna, fraile franciscano de la Salceda, convento de «recogidos» que estuvo cerca de Guadalajara entre Tendilla y Peñalver, habla de «estar solo con él solo»[26]. Teresa de Jesús escribe en *Camino de Perfección:* «Estáse sola el alma con su Dios» (CV 28, 8).

---

[24] *Chuang-Tzu,* Monte Ávila editores, 1991, 53.

[25] H. M. Enomiya-Lassalle, *Zen y mística cristiana,* San Pablo, Madrid 1991 (Ed. Zendo Betania, Brihuega 2003).

[26] Francisco de Osuna, *Cuarto Abecedario,* C 26: «Ley de amor santo».

En la *Filocalia,* Gregorio Sinaíta (1255-1346) insiste en la inmovilidad para «buscar al Señor en el interior de tu corazón», y reitera: «Permanecerás pacientemente sentado [...]. No te sentirás inclinado a levantarte por negligencia ni por causa de dolor penoso [...], o por la inmovilidad prolongada», para así «alcanzar la inmovilidad en Cristo Jesús»[27].

- *¿Recuerdas momentos de sentarte a solas y sentirte verdaderamente «en casa»?*

Llama la atención lo que opina Juan de la Cruz de los falsos guías que no entienden esto: «No saben sino martillar y macear con las potencias como herrero» *(Llama de amor viva,* 3,43), «hechos las raposillas que demuelen la florida viña del alma» *(Llama,* 3,55). «Como ellos no entran por la puerta estrecha de la vida, tampoco dejan entrar a los otros [...]. Están puestos en la tranca y tropiezo de la puerta del cielo, impidiendo que no entren los que les piden consejo» *(Llama,* 3,62).

A la vez dice que una persona cabal no se atreve a cultivar intensamente el estar «a solas con Dios» sin una persona sabia que la guíe *(Subida al monte Carmelo,* II 22,10).

---

[27] AA.VV., *Filocalia,* Editorial Lumen, Argentina 1979, 181-182.

FINAL
Arraigar en la Interioridad «más interior que lo más íntimo mío»

Es imprescindible fortalecer las raíces al vivir en un tiempo de grandes cambios y «vendavales cósmicos», que también implican contacto con otras culturas y religiones, que en ocasiones pueden ser providenciales. No bastan analgésicos, ejercicios de interiorización cerrados a la Interioridad, ni ayudan realmente formas *light* o baratas, desvirtuadas de budismo, que ciertamente en un encuentro serio podría aportar mucho. Aunque la adaptación de algunos elementos sueltos a veces sirve de primer impulso para ahondar más, sobre todo cuando dejan el horizonte abierto a ir más allá.

En cualquier caso el encuentro entre cristianismo y budismo es una señal, un signo de los tiempos que conviene tener muy en cuenta. Exige arraigo auténtico en la propia tradición y apertura a la otra. El diálogo intrarreligioso que se da a nivel personal representa a nivel reducido aquello de lo que se trata en el diálogo interreligioso a nivel global. Implica interpelación y enriquecimiento mutuo precisamente a nivel de interioridad.

Recordemos al agnóstico André Malraux, que en una conversación con un amigo dijo: «El siglo XXI será místico o no será»[1]. Recordemos también al historiador Arnold Toynbee, convencido de que más tarde, cuando se hable del siglo XX, no se resaltarán, como lo más significativo para la historia de la humanidad, las terribles guerras sino el encuentro entre cristianismo y budismo.

Para quien está en disposición de oír, nuestro tiempo lanza llamadas de socorro que urgen a enraizarse, a adentrarse en la Interioridad, con mayúscula, a no recurrir simplemente a sucedáneos que liberan transitoriamente de los sufrimientos de una sociedad des-alma-da, des-corazon-ada y desarraigada.

Llaman a una interioridad abierta, a entrar en lo «más interior que lo más íntimo mío»[2].

* * *

---

[1] Karl Rahner, *Espiritualidad antigua y actual,* en: *Escritos de Teología,* vol. VII, Cristiandad, Madrid 1969, 25.

[2] Agustín de Hipona, *Las Confesiones,* III, 6, 11, San Pablo, Madrid 2012[7].

El mirlo salta y corre a trompicones; cada poco se detiene en una «parada contemplativa», como escuchando. Todo un ejemplo para nosotros los humanos: moverse y de vez en cuando parar y recogerse, escuchar adentro y conectar en el silencio interior, con «un no sé qué que se alcanza por ventura»[3].

---

[3] Juan de la Cruz, *Glosa a lo divino: Por toda la hermosura,* en: *Obras Completas,* Edición crítica del Grupo Editorial Fonte, Burgos 2019.

ÍNDICE

MI ADENTRO

MI ADENTRO

MI ADENTRO

www.ingramcontent.com/pod-product-compliance
Lightning Source LLC
LaVergne TN
LVHW010116170826
845678LV00012B/2432

* 9 7 8 8 4 2 8 5 5 9 4 3 0 *